投资理财一定要懂的
财务通识手册

罗春秋◎编著

中国铁道出版社有限公司
CHINA RAILWAY PUBLISHING HOUSE CO., LTD.

内容提要

投资实际上就是对一家企业的经营状况进行判断，经营状况越好的企业越具有投资价值，而企业的经营状况最直接的反映便是企业的财务报表，因此在投资之前有必要掌握一定的财务知识和财务报表分析方法。

本书共9章，首先从财务基础的角度介绍投资者必备的财务知识；其次由分到总介绍各大财务报表的分析方法，帮助投资者判断企业的经营、盈利的发展状况；最后介绍财务造假的一些情况，帮助识别财务报表中的各类陷阱。

本书适合想要通过投资理财获得收益回报，但没有财务基础的投资者，也适合想要提高自己投资能力，实现资产稳定增长的投资者。

图书在版编目（CIP）数据

投资理财一定要懂的财务通识手册 / 罗春秋 编著 . — 北京：中国铁道出版社有限公司，2021.10

ISBN 978-7-113-28248-6

Ⅰ. ①投… Ⅱ. ①罗… Ⅲ. ①投资 – 基本知识 Ⅳ. ① F830.59

中国版本图书馆 CIP 数据核字（2021）第 162510 号

书　　名：投资理财一定要懂的财务通识手册
TOUZI LICAI YIDING YAODONG DE CAIWU TONGSHI SHOUCE

作　　者：罗春秋

责任编辑：王　佩　张文静　　**编辑部电话：**（010）51873022　　**邮箱：**505733396@qq.com

封面设计：宿　萌

责任校对：苗　丹

责任印制：赵星辰

出版发行：中国铁道出版社有限公司（100054，北京市西城区右安门西街8号）

印　　刷：北京铭成印刷有限公司

版　　次：2021年10月第1版　2021年10月第1次印刷

开　　本：700 mm × 1 000 mm　1/16　印张：14.5　字数：180千

书　　号：ISBN 978-7-113-28248-6

定　　价：59.80元

前言

投资理财怎么做更稳健？是跟随专家指导意见，还是技术分析，又或者是小道消息？实际上，虽然市面上的理财工具有很多，例如股票、债券、股权以及基金等，但是说到底，选择理财工具，其实更多的是选择一家企业。如果一家企业运营良好，利润可观，发展势头正劲，那么企业的债券、股票、股权自然收益更好。

一家企业的运营情况、盈利能力以及未来的发展能力，通常体现在企业的财务报表中，这就要求投资者们在理财之余一定要懂得一些必备的财务知识，这样才能判断企业的财务健康状况，并预估企业未来的发展、盈利情况，从而做出更稳健的投资决策。

但是面对庞杂的财务知识体系，我们应该如何入手并看懂财务报表呢？为此，我们编写了本书。通过阅读本书，可以帮助投资者掌握投资理财必要的财务知识，还可以帮助投资者学会如何从若干的报表中提取对自己有用的数据信息，并学会分析企业的财务指标。

借助这些财务指标，投资者能够更加轻松地判断该企业是否具备发展潜力，是否值得投资，以及该投资是否能够得到客观的收益回报。

全书共 9 章，可大致划分为三个部分。

- ◆ 第一部分为第 1~3 章，这部分主要介绍财务基础知识，目的在于让读者了解基本的财务知识，做好基本的财务规划，为后期的财务分析打好基础。
- ◆ 第二部分为第 4 ~ 8 章，这部分是本书的主要章节，采用由分到总的方式逐一介绍四大报表的分析方法，再从整体角度介绍财务报表的综合分析方法。掌握这些知识可以帮助读者详细了解财务报表中的重要项目和主要指标，以及它们的分析方法和含义。
- ◆ 第三部分为第 9 章，主要向读者介绍常见的企业财务造假行为，帮助投资者了解并识别企业可能存在的一些问题。

本书从投资理财的角度出发，以投资者的视角对财务报表进行了介绍和分析，帮助投资者了解一些财务知识的同时，学会一定的财务分析方法，以便在做出投资理财决策时能够更加从容应对。

本书特别适合想要通过投资理财获得收益回报，但没有财务基础的投资者；也适合想要提高自己的投资能力，实现资产稳定增长的投资者。

最后，希望所有读者都能从本书中学到想学的知识，快速打破财务壁垒，轻松看懂财务报表，进行准确的投资理财活动。

编　者

2021 年 5 月

目录

第 1 章 做投资之前先充实财务基本知识

投资需要学习财务知识吗？答案是肯定的，掌握财务知识能够帮助投资者判断一家企业的经营情况，预判未来的收益效率，从而帮助做出正确的投资决策，这样一来可以大幅提升投资理财的收益率。

第 2 章 借助个人财务报表分析自己的财务状况

了解了企业财务报表基本知识之后，还不能开展投资理财计划，投资者应该在投资之前厘清自己的财务状况，确定自己的资金情况，避免陷入财务危机。

第 3 章　通过四大账户完成自己的财务规划

投资者在投资之前最好针对自己的财务账户做一个规划安排，以便让自己的资金使用计划性更强，使用率更高，更能发挥资金的作用。账户规划通常由四大账户来实现，即现金账户、备用账户、投资账户以及长期收益账户。

第 4 章　摸清企业财务状况再做投资打算

投资者选择一个投资产品时，除了需要了解产品本身的收益情况，还要从长远的角度对其做进一步的考察，即查看该产品背后的企业财务状况是否良好。一个自身财务混乱、账目入不敷出的企业，推出的理财产品必然不值得信赖和期待。

第5章 根据企业的利润情况确定投资价值

对投资者来说，企业利润表往往是他们最关心的财务报表，因为企业的利润直接决定了他们的投资收益高低。因此，投资者除了需要学会基本的利润表查看操作，还要懂得对利润表进行分析，判断企业的效益情况是否具有投资价值。

第6章 通过现金流动看投资的安全性

现金流量表是最重要的财务报表之一，主要记录在固定会计期间内企业现金的增减变动情形。因为其造假难度较大，所以对评价企业实现的利润、财务状况以及财务管理方面更为可靠，能更好地评估企业收益质量，从而帮助投资者规避潜在的投资风险。

第 7 章　看股东权益变化情况做投资安排

一个值得投资的企业应该是对股东有较好的态度，愿意与股东分享利润的企业，因此在股票价值投资中，选择上市企业时不仅要考虑企业的经营、盈利情况，还要考虑企业对待股东的态度，而所有者权益变动表可以帮助投资者全面查看企业对待股东的态度。

第 8 章　掌握财务报表的综合分析法

在前面的章节中，我们一一介绍了财务报表中的各个表格内容及分析方法，但除了单独分析观察之外，我们还可以将各个财务报表看作一个整体，对其进行综合分析，这样得到的结果比单一的分析结果更准确、更全面。

第 9 章 练就火眼金睛识别财务造假

财务造假为广大投资者提供了错误的市场信息，诱导投资者做出错误的决策，严重危害了投资者的利益。因此，投资者有必要练就出识别财务造假的能力。

第1章

做投资之前 先充实财务基本知识

投资需要学习财务知识吗？答案是肯定的，掌握财务知识能够帮助投资者判断一家企业的经营情况，预判未来的收益效率，从而帮助做出正确的投资决策，这样一来可以大幅提升投资理财的收益率。

财务报表是什么

在投资理财中，投资者必须掌握的一项重要财务知识就是财务报表。财务报表是反映企业或预算单位一定时期资金、利润状况的会计报表，也是企业资金周转、盈利能力和股东权益的集中体现。财务报表根据划分标准的不同，可以分为不同的类型，而划分标准主要分为五大类。

（1）按照报表的阅读对象，可以划分为对外报表和对内报表

对外报表是企业定期编制，定期向上级主管部门、投资者、财税部门等报送或按规定向社会公布的财务报表。这是一种主要的、定期规范化的财务报表，它有统一的报表格式、指标体系和编制时间等。对外报表包括资产负债表、利润表、现金流量表、资产减值准备明细表、利润分配表、股东或所有者权益变动表、分部报表以及其他有关附表。

内部报表则是企业根据内部经营管理的需要而编制的财务信息表，主要供企业内部人员使用。所以在格式要求上与对外报表不同，没有统一的格式和指标体系。对内报表包括成本报表、财务预算、财务分析以及其他和价值有关的内部管理报表。

（2）按照报表提供会计信息的重要性，可以划分为主表和附表

主表指主要的财务报表，即提供的会计信息比较全面、完整，能基本满足各种信息需要者的不同要求的财务报表。现行的主表主要有四张，分别为资产负债表、利润表、现金流量表和所有者权益变动表。

附表是主表的从属报表，是对主表中不能详细反映的一些重要信息做的补充说明。附表主要有利润分配表和分部报表，是利润表的附表；应交增值税明细表和资产减值准备明细表，是资产负债表的附表。主表与有关附表之间存在着钩稽关系，主表反映企业的主要财务状况、经营成果和现金流量，附表则对主表做进一步补充说明。

（3）按照财报编制时间，可分为月报、季报以及年报

月报指的是以一个自然月为周期编制的报表；季报指以一个季度为周期编制的报表；年报指以一个会计年度为周期编制的报表。根据编制时间的长短又可以将其分为中期财务报表和年度财务报表。其中，中期财务报表包括月报、季报和半年期报表。

年度财务报表能够全面反映企业整个会计年度的经营成果、现金流量情况及年末财务状况，是投资者、股东及相关部门重点关注的报表，所以企业每年年底必须编制并报送年度财务报表。

（4）按照编制单位的不同，可分为基层财务报表和汇总财务报表

基层财务报表是由独立核算的基层单位编制的财务报表，是用来反映本单位财务状况和经营成果的报表。汇总财务报表是上级和主管单位将本身的财务报表与其下级单位报送的基层报表汇总编制而成的财务报表。

（5）按编报的会计主体不同，分为个别报表和合并报表

个别报表是在以母公司和子公司组成的具有控股关系的企业集团中，由母公司和子公司各自为主体分别单独编制的用以反映母公司和子公司各自财务状况、经营成果和现金流量情况的报表。

合并报表是以母公司和子公司组成的企业集团为一个会计主体，以母公司和子公司单独编制的个别财务报表为基础，由母公司编制的综合反映企业集团经营成果、财务状况及其资金变动情况的财务报表。

财务报告成员介绍

我们知道一份完整的财务报告是由多个会计报表组成的，本节就对企业会计准则下的财务报告进行详细介绍。财务报告通常由五个表组成，即资产负债表、利润表、现金流量表、所有者（或股东）权益变动表和财务报表附注。

◆ 资产负债表

资产负债表是财务报表中的第一张表，也是财务报表的基础。它反映的是企业在各会计期末的财务状况。图 1-1 所示为资产负债表。

资产负债表

会企 01 表

编制单位：　　　　年　月　日　　　　单位：　元

资产	期末余额	年初余额	负债和所有者权益（或股东权益）	期末余额	年初余额
流动资产：			流动负债：		
货币资金			短期借款		
交易性金融资产			交易性金融负债		
衍生金融资产			衍生金融负债		
应收票据			应付票据		
应收账款			应付账款		
预付款项			预收款项		
其他应收款			合同负债		
存货			应付职工薪酬		
合同资产			应交税费		
持有待售资产			其他应付款		
一年内到期的非流动资产			持有待售负债		
其他流动资产			一年内到期的非流动负债		
流动资产合计			其他流动负债		
非流动资产：			流动负债合计		
债权投资			非流动负债：		
其他债权投资			长期借款		
长期应收款			应付债券		
长期股权投资			其中：优先股		
其他权益工具投资			永续债		
其他非流动金融资产			租赁负债		
投资性房地产			长期应付款		
固定资产			预计负债		
在建工程			递延收益		
生产性生物资产			递延所得税负债		
油气资产			其他非流动负债		
使用权资产			非流动负债合计		
无形资产			负债合计		
开发支出			所有者权益（或股东权益）：		
商誉			实收资本（或股本）		
长期待摊费用			其他权益工具		
递延所得税资产			其中：优先股		
其他非流动资产			永续债		
非流动资产合计			资本公积		
			减：库存股		
			其他综合收益		
			专项储备		
			盈余公积		
			未分配利润		
			所有者权益（或股东权益）合计		
资产总计			负债和所有者权益（或股东权益）总计		

图 1-1　资产负债表

从图 1-1 中可以看到，资产负债表根据“资产 = 负债 + 所有者权益”这一平衡公式，按照一定的分类标准，将某一会计期间内的资产、负债、所有者权益的具体项目予以适当的排列编制而成。

资产负债表利用会计平衡原则，将符合会计原则的资产、负债和所有者权益类科目分为了“资产”和“负债及所有者权益”两个部分，表明了企业在会计期内拥有的经济资源、需承担的现时义务，以及所有者净资产的要求权。所以，资产负债表是一张揭示企业在某一时间节点财务状况的静态报表。

◆ 利润表

利润表主要反映的是企业盈利能力，它表明的是企业在一定会计期间的经营成果。因为企业一定会计期间的经营成果可能盈利，也可能亏损，所以利润表也称为损益表。

利润表有两种格式，即单步式利润表和多步式利润表。单步式利润表是将当期所有的收入列在一起，然后将所有的费用列在一起，两者相减得出当期净损益。多步式利润表是通过对当期的收入、费用、支出项目按性质加以归类，按利润形成的主要环节列示一些中间性利润指标，如营业利润、利润总额、净利润，分步计算当期净损益。我国企业会计制度规定，企业的利润表统一采用多步式。

图 1-2 所示为多步式利润表。利润表是根据“收入 - 费用 = 利润”的关系来进行编制的，具体内容取决于收入、费用、利润等会计要素及其内容，利润表项目是收入、费用和利润等要素内容的具体体现。从反映企业经营资金运动的角度看，利润表是反映企业经营资金动态表现的报表。

利润表

会企 02 表

编制单位：　　　　年　　月　　　　单位：元

项目	本期金额	上期金额
一、营业收入		
减：营业成本		
税金及附加		
销售费用		
管理费用		
研发费用		
财务费用		
其中：利息费用		
利息收入		
加：其他收益		
投资收益（损失以“-”号填列）		
其中：对联营企业和合营企业的投资收益		
以摊余成本计量的金融资产终止确认收益（损失以“-”填列）		
净敞口套期收益（损失以“-”号填列）		
公允价值变动收益（损失以“-”号填列）		
信用减值损失（损失以“-”号填列）		
资产减值损失（损失以“-”号填列）		
资产处置收益（损失以“-”号填列）		
二、营业利润（亏损以“-”号填列）		
加：营业外收入		
减：营业外支出		
三、利润总额（亏损总额以“-”号填列）		
减：所得税费用		
四、净利润（净亏损以“-”号填列）		
（一）持续经营净利润（净亏损以“-”号填列）		
（二）终止经营净利润（净亏损以“-”号填列）		
五、其他综合收益的税后净额		
（一）不能重分类进损益的其他综合收益		
1. 重新计量设定受益计划变动额		
2. 权益法下不能转损益的其他综合收益		
3. 其他权益工具投资公允价值变动		
4. 企业自身信用风险公允价值变动		
……		
（二）将重分类进损益的其他综合收益		
1. 权益法下可转损益的其他综合收益		
2. 其他债权投资公允价值变动		
3. 金融资产重分类计入其他综合收益的金额		
4. 其他债权投资信用减值准备		
5. 现金流量套期储备		
6. 外币财务报表折算差额		
……		
六、综合收益总额		
七、每股收益：		
（一）基本每股收益		
（二）稀释每股收益		

图 1-2　利润表

◆ 现金流量表

现金流量表反映企业一定时期内的经营活动、投资活动和筹资活动造成的资金流向和资金流量情况，如图 1-3 所示。

从图 1-3 可以看到，现金流量表反映的是一家公司在一定时期内的现金流入和现金流出动态状况，通过现金流量表可以判断一家公司的经营状况是否健康。一个健康经营的公司，应该是在创造利润的同时，还能创造现金收益。所以通过对公司现金流的分析，可对公司未来获取现金的能力做出预测，进而做出投资决策。

现金流量表

会企 03 表

编制单位：　　　　　　　　　　　年　　月　　　　　　　　　　单位：元

项目	本月金额	本年累计金额
一、经营活动产生的现金流量：		
销售商品、提供劳务收到的现金		
收到的税费返还		
收到其他与经营活动有关的现金		
经营活动现金流入小计		
购买商品、接受劳务支付的现金		
支付给职工以及为职工支付的现金		
支付的各项税费		
支付其他与经营活动有关的现金		
经营活动现金流出小计		
经营活动产生的现金流量净额		
二、投资活动产生的现金流量：		
收回投资收到的现金		
取得投资收益收到的现金		
处置固定资产、无形资产和其他长期资产收回的现金净额		
处置子公司及其他营业单位收到的现金净额		
收到其他与投资活动有关的现金		
投资活动现金流入小计		
购建固定资产、无形资产和其他长期资产支付的现金		
投资支付的现金		
取得子公司及其他营业单位支付的现金净额		
支付其他与投资活动有关的现金		
投资活动现金流出小计		
投资活动产生的现金流量净额		
三、筹资活动产生的现金流量：		
吸收投资收到的现金		
取得借款收到的现金		
收到其他与筹资活动有关的现金		
筹资活动现金流入小计		
偿还债务支付的现金		
分配股利、利润或偿付利息支付的现金		
支付其他与筹资活动有关的现金		
筹资活动现金流出小计		
筹资活动产生的现金流量净额		
四、汇率变动对现金及现金等价物的影响		
五、现金及现金等价物净增加额		
加：期初现金及现金等价物余额		
六、期末现金及现金等价物余额		

图 1-3　现金流量表

◆ 所有者权益变动表

所有者权益变动表，是反映构成所有者权益的各组成部分当期的增减变动情况的报表。既可以为报表使用者提供所有者权益总量增减变动的信息，也能为其提供所有者权益增减变动的结构性信息，特别是能够让报表使用者理解所有者权益增减变动的根源，对企业股东和投资者了解企业经营情况具有重要作用。图 1-4 所示为所有者权益变动表。

所有者权益变动表

会企04表

编制单位：　　　　　　　　　　　　年度　　　　　　　　　　　　金额单位：元

项目	本年金额												上年金额											
	实收资本（或股本）	其他权益工具			资本公积	减：库存股	其他综合收益	专项储备	盈余公积	未分配利润	所有者权益合计		实收资本（或股本）	其他权益工具			资本公积	减：库存股	其他综合收益	专项储备	盈余公积	未分配利润	所有者权益合计
		优先股	永续债	其他										优先股	永续债	其他							
一、上年年末余额																								
加：会计政策变更																								
前期差错更正																								
其他																								
二、本年年初余额																								
三、本期增减变动金额（减少以"-"号填列）																								
（一）综合收益总额																								
（二）所有者投入和减少资本																								
1.所有者投入的普通股																								
2.其他权益工具持有者投入资本																								
3.股份支付计入所有者权益的金额																								
4.其他																								
（三）利润分配																								
1.提取盈余公积																								
2.对所有者（或股东）的分配																								
3.其他																								
（四）所有者权益内部结转																								
1.资本公积转增资本（或股本）																								
2.盈余公积转增资本（或股本）																								
3.盈余公积弥补亏损																								
4.设定受益计划变动额结转留存收益																								
5.其他综合收益结转留存收益																								
6.其他																								
四、本年年末余额																								

图 1-4　所有者权益变动表

◆ 财务报表附注

财务报表附注，是为了帮助财务报表使用者能够更深入地理解财务报表的内容而编制的，它主要是对财务报表中的资产负债表、利润表、现金流量表和所有者权益变动表中有关内容和项目做解释和说明。

财务报表附注中的内容主要包括：企业采用的主要会计处理方法；会计处理方法的变更情况、变更的原因及对财务状况和经营业绩的影响；发生的非经常性项目，一些重要报表项目的明显情况，或有事项，期后事项，以及其他对理解和分析财务报表有帮助的重要信息。

财务报表分析的含义和内容

我们收到一份财务报表，首先需要了解其报表组成，其次还要对财务报表内容进行分析。财务报表分析指对企业财务报表提供的数据进行加工、分析、比较、评价和解释，从而判断出企业的财务状况，诊断出企业经营的健康状况。

通过对财务报表的分析，可以查看出企业的经营业绩是否良好，未来前景是否可观，从企业财务角度出发，为投资者提供投资决策支持。

财务报表分析对不同的使用者来说，有不同的分析重点，但从整体的角度来看，财务报表分析主要包括三个方面的内容。

①分析企业的偿债能力，即企业资产清偿债务的能力。企业有无现金支付能力和偿债能力是其能否健康发展的关键。

②分析企业的营运能力，包括流动资产周转情况分析、固定资产周转情

况分析和总资产周转情况分析等。

③分析企业的盈利能力，包括企业利润目标的完成情况和不同会计年度的盈利水平变化情况。

几种常见的财务报表分析方法

面对一份财务报表，想要从众多复杂的数据中得到有用的信息，就需要投资者掌握一些实用的分析方法。财务报表的分析方法有很多，下面介绍几种常见的财务报表分析法，见表1-1。

表1-1　财务报表分析法

方　法	内　容
垂直分析法	指在一张财务报表中，用表中各个项目的数据与总额进行比较，得到该项目在总额中的比重，从而判断该项目在总额中的贡献程度和重要性
水平分析法	指将反映企业报告期财务状况的信息与反映企业前期或历史某一时期财务状况的信息进行比较，从而查看企业各项经营业绩或财务状况的发展变化情况，也叫作趋势分析法
比率分析法	将两个财务数据相除得出相对比率，从而分析两者之间的关联，分析企业财务状况和经营成果
因素分析法	因素替代法又称连环替代法，是因素分析法的一种具体分析方法，是把综合指标分解后，按照顺序把其中第一个因素作为可变量，其他因素暂作为不变量，依次逐项进行替换，逐步测定出各项因素的变化对综合财务指标的影响程度
综合分析法	将多项指标综合在一起，从企业经营系统的整体角度进行综合分析，做出系统的、全面的评价

财务报告审计查看企业真实情况

为了让投资者或股东继续对企业投资，不出现撤资而影响企业的资金流动和运营，有的亏损企业可能会出现美化加工之后的财务报表，诱导投资者做出错误的投资决策。因此，财务报表审计也就出现了。

审计报告是一份正式的书面文件，一般审计后的财务报表会附于审计报告之后，一起作为财务报告的内容。注册会计师根据审计证据，发表对该企业的财务报表的意见，并签字盖章，通常由会计师事务所完成。由此可以看出，审计报告对企业财务报告的真实性提供了保证，使投资者和股东们的投资风险降低。

审计报告根据财务报表审计的结果可以分为四种类型。

◆ 无保留意见的审计报告

无保留意见审计报告指审计人员对被审计单位的会计报表，依照独立审计准则的要求进行审查后，确认被审计单位采用的会计处理方法遵循了会计准则及有关规定，会计报表反映的内容符合被审计单位的实际情况；会计报表内容完整，表达清楚，无重要遗漏；报表项目的分类和编制方法符合规定要求，因而对被审计单位的会计报表无保留地表示满意。

◆ 保留意见的审计报告

保留意见的审计报告，指注册会计师经过审计后，认为企业的会计报表就整体来看是公允的。但存在下述情况之一时，应出具保留意见的审计报告。

①个别重要财务会计事项的处理，或个别重要会计报表项目的编制不符

合《企业会计准则》及国家其他有关财务会计法规的规定，且被审计单位拒绝进行调整。

②因审计范围受到重要的局部限制，无法按照独立审计准则的要求取得应有的审计证据。

③个别重要会计处理方法的选用不符合一贯性原则。

◆ 拒绝表示意见的审计报告

拒绝表示意见审计报告，指审计人员在审计过程中因未搜集到足够的审计证据，无法对被审计单位的会计报表发表确切的审计意见，所出具的一种不发表评价意见的审计报告。这类审计报告是对会计报表不发表肯定、保留和否定审计意见的审计报告。

◆ 否定意见的审计报告

否定意见审计报告，指审计人员经过审计后，认为被审计单位的会计报表不能公允地反映其财务状况、经营成果和现金流量情况，从而给出否定意见的审计报告。

当企业在经营活动中存在严重违法乱纪行为，或会计处理严重违反会计准则和国家其他有关财务会计法规，致使会计报表严重歪曲财务状况和经营成果时，审计人员会给予否定意见的审计报告。

不可小觑财务报表附注

附注是财务报告的重要组成部分，是对报表内容附加的解释说明。投资者想要全面了解企业的财务状况、经营成果以及现金流等，应当全面阅读财务报表，包括附注。

按照我国企业会计准则的规定，报表附注中至少应披露下列内容，但是非重要项目除外。

①企业的基本情况，包括企业注册地、组织形式和总部地址，企业的业务性质和经营活动，母公司以及集团最终母公司的名称。

②财务报表的编制基础。

③遵循企业会计准则的声明。企业应当明确说明编制的财务报表符合企业会计准则体系的要求，真实、公允地反映了企业的财务状况、经营成果和现金流量。

④重要会计政策和会计估计。企业应当披露重要的会计政策和会计估计，不具有重要性的会计政策和会计估计可以不披露。判断会计政策和会计估计是否重要，应当考虑与会计政策或会计估计相关项目的性质和金额。

⑤会计政策和会计估计变更以及差错更正的说明，披露会计政策和会计估计变更以及差错更正的有关情况。

⑥重要报表项目的说明。企业应当尽可能以列表形式披露重要报表项目的构成或当期增减变动情况。对重要报表项目的明细说明，应当按照资产负债表、利润表、现金流量表、所有者权益变动表的顺序及报表项目列示的顺序进行披露，应以文字和数字描述相结合进行披露，并与报表项目相互参照。

⑦或有和承诺事项的说明。

⑧资产负债表日后事项的说明。包括每项重要的资产负债表日后非调整事项的性质、内容，及其对财务状况和经营成果的影响。无法做出估计的，应当说明原因。

⑨关联方关系及其交易的说明。

各财务报表之间的钩稽关系

各财务报表之间存在钩稽关系，想要了解钩稽关系的内容，首先要明白什么是钩稽关系。钩稽关系指会计账簿和报表中有关指标、数据之间存在的必然的、可以相互之间进行查证、核对的关系。

财务报表之间的钩稽关系主要指资产负债表、利润表和现金流量表之间的关系，如图 1–5 所示。

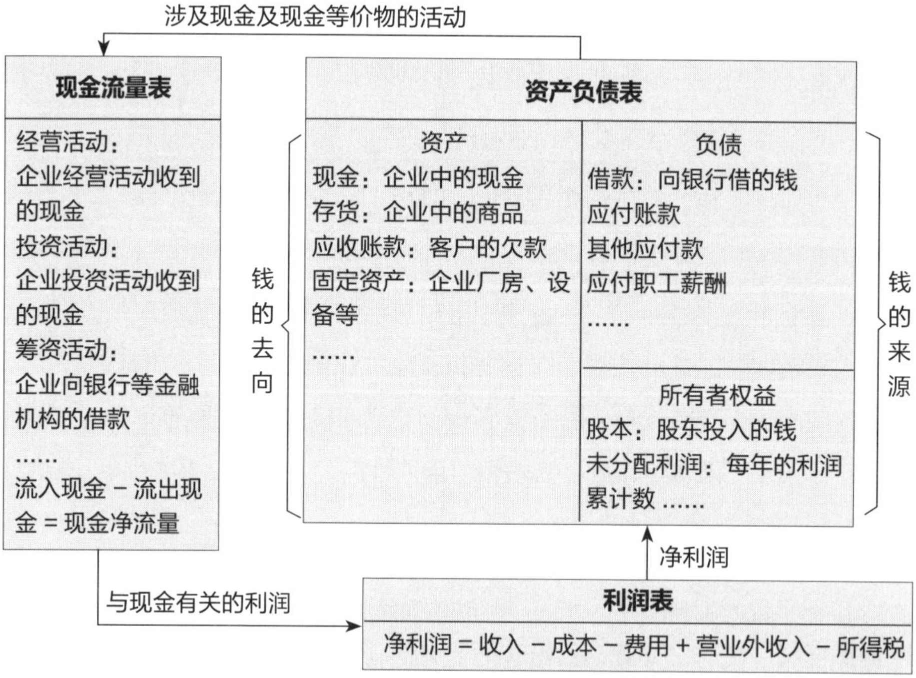

图 1–5　三大财务报表的关系

从图 1–5 中可以看到，在三大报表中资产负债表处于核心位置，是主表，而利润表和现金流量表都与资产负债表有关系。厘清它们之间的关系后再来看它们之间的钩稽关系就简单多了。

◆ 资产负债表与利润表之间的钩稽关系

资产负债表反映的是企业在某一特定日期资产、负债和所有者权益的情况，依据的是“资产 = 负债 + 所有者权益”恒等式；而利润表反映的是企业在一定会计期间的经营成果的报表，依据的是“收入 – 费用 = 利润”恒等式，因此二者之间存在钩稽关系，即资产负债表中未分配利润的期末数 – 期初数 = 利润表的未分配利润项。

◆ 资产负债表和现金流量表之间的钩稽关系

资产负债表和现金流量表从账面上来看，没有公式关系，但是在财务上存在钩稽关系。资产负债表的现金、银行存款及其他货币资金等项目的期末数 – 期初数 = 现金流量表最后的现金及现金等价物的净增加额。

◆ 利润表与现金流量表之间的钩稽关系

在不考虑应交税费中有关税金变动的情况下，现金流量表中的“销售商品、提供劳务收到的现金” = 利润表中的“主营业务收入 + 其他业务收入” + 资产负债表中的“预收账款增加额 – 应收账款增加额 – 应收票据增加额”。

除了报表之间存在钩稽关系外，各报表内部还存在其他的钩稽关系。

①财务报表内部的项目之间也存在钩稽关系。例如，资产负债表中，“资产 = 负债 + 所有者权益”；利润表中“收入 – 费用 = 利润”。这些钩稽关系是报表编制者衡量报表精准度的基础衡量标准。

②报表内某些项目与项目之间存在钩稽关系。例如，现金流量表中的“现金及现金等价物净增加额”一般与资产负债表中的“货币资金”项目的年末数、年初数之差相等，前提是企业不存在现金等价物。

③前后期财务报表之间存在钩稽关系，本期财务报表有关项目的期初数应与前期报表的期末数相等；本期报表有关项目的累计数应等于前期报表的累计数加上本期发生数等。

④财务报表主表和附表之间存在钩稽关系，有的具有比较简单的明细与合计的关系，有的也有比较复杂、涉及数张报表发生额和余额的关系。

需要注意的是，钩稽关系并非仅仅数据平衡而已，因此，需要结合实际具体分析。钩稽关系主要有六种，见表 1-2。

表 1-2　钩稽关系的类型

类　型	内　容
平衡钩稽关系	平衡钩稽关系是运用最多的钩稽关系，资金平衡表（即资产负债表）分左右两方，一方反映资金占用，另一方反映资金来源，两方必须保持平衡
对应钩稽关系	根据复式记账法对每项经济业务用相等金额在两个或两个以上互相关联的账户中登记，说明资金运动的相互对应关系是固定不变的
和差钩稽关系	报表中的有些钩稽关系表现为一个指标等于其他几个指标的和或者差
积商钩稽关系	表中有些钩稽关系表现为一个项目等于其他几个项目的积或商
动静钩稽关系	专用基金及专用拨款表等为“动态表”，而资金平衡表为“静态表”。“静态表”与“动态表”所反映的某些指标具有一致性，由此在报表中形成钩稽关系
补充钩稽关系	报表中反映的某些指标，为了解它的明细核算资料和计算依据，另设项目或表式加以补充说明，因此发生钩稽关系

第2章

借助个人财务报表分析自己的财务状况

了解了企业财务报表基本知识之后，还不能开展投资理财计划，投资者应该在投资之前厘清自己的财务状况，确定自己的资金情况，避免陷入财务危机。

编制收支明细表，了解你的日常流水

收支明细表是了解投资者个人财务状况的主要表格之一。常常会听到人抱怨“明明自己收入还可以，但总是存不下来钱，不知道钱去了哪里。”此时就需要编制一份个人的收支明细表，清晰记录钱的去向。

收支明细表指反映一段时期内收入、支出以及结存情况的会计报表，以便投资者可以及时了解自己的资金情况，帮助管理。

编制个人收支明细表通常没有标准的格式，只要可以清楚、明确地说明各个项目，准确反映资金情况即可。但是编制时需要注意，编制收支明细表有几个必需的项目。

◆ **收入：**收入项目指资金的来源，因为资金来源的不同，可以进行具体设置。

◆ **开支：**开支项目指资金的去向，根据支出的性质可以将其划分为必要开支和非必要开支。

◆ **结余：**结余项目指收入减去开支之后的存余。

另外，因为每个人及每个家庭的实际情况不同，统一的模板难以满足所有人的需要，所以收支明细表最好根据自己的实际情况进行定制。实际编制时可以直接在 Excel 中制作个人收支明细表。

首先，打开 Excel 软件，创建一张空白表格。在表格内按照自己的实际情况输入收支项目，并为表格设置效果，如图 2-1 所示。

图 2-1　输入报表项目并设置表格样式

选中 D5 单元格，在其中输入公式“=SUM(D2:D4)”计算工资收入总计。

选中 D8 单元格，在其中输入公式“=SUM(D6:D7)”计算其他工作收入总计。

选中 D13 单元格，在其中输入公式“=SUM(D9:D12)”计算理财收入总计。

选中 D14 单元格，在其中输入公式“=SUM(D5,D8,D13)”计算所有收入总计。

选中 D25 单元格，在其中输入公式“=SUM(D15:D24)”计算消费支出总计。

选中 D29 单元格，在其中输入公式“=SUM(D26:D28)”计算理财支出总计。

选中D30单元格，在其中输入公式“=SUM(D25,D29)”计算所有支出总计。

选中D31单元格，在其中输入公式“=D14-D30”计算结余数据。

知识延伸 | SUM()函数的应用说明

在Excel中，如果要直接对指定的多个数据进行快速求和，可以使用软件提供的SUM()函数来完成，其语法结构为：SUM(number1,number2,…)。

从语法结构中可以看出，该函数中包含的参数个数不确定，因此，在使用该函数计算的时候，需要注意以下4点。

①SUM()函数的参数也可以是具体的数据集合，也可以是对单元格或单元格区域的引用。

②如果直接将SUM()函数中的参数输入为数字、逻辑值及数字的文本表达式，则也可计算出结果，其中文本值会被自动转换为数字；逻辑值TRUE会被转换为数字1，FALSE会被转换为数字0。

③如果参数是一个数组或引用，则只计算其中的数字。数组或引用中的空白单元格、逻辑值或文本将被忽略。

④SUM()函数的参数个数的取值范围为1～255个（在Excel 2003中，SUM()函数的参数个数的取值范围为1～30个）。

其次，选择D列单元格，在“开始”选项卡下，单击数字格式下拉按钮，在弹出的下拉菜单中选择“会计专用”命令，如图2-2所示。

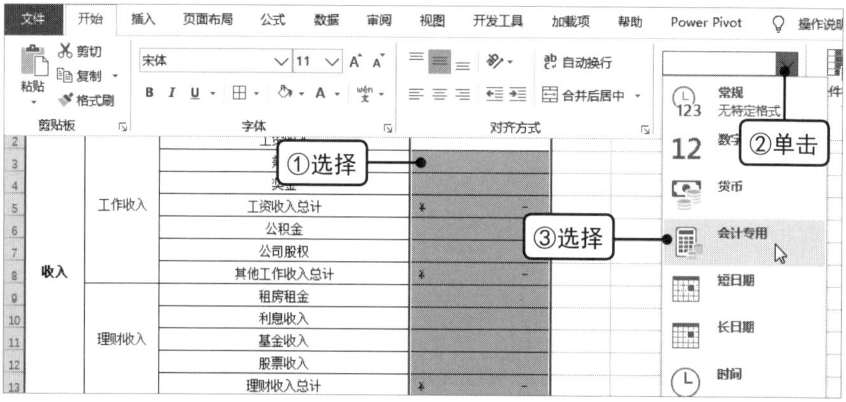

图2-2 输入公式并设置数字格式

知识延伸 | 将单元格格式设置为“会计专用”格式的意义

Excel中默认显示的数字数据为常规类型，对于投资分析中的数据，通常都比较大，默认的常规数据格式显示为一串数字，这里将其默认的格式设置为“会计专用”格式，当数据比较大时，程序会自动添加千位分隔符，这样可以更方便地进行数据的查阅和比较。

最后，只需要在表格中输入相应的收入与支出明细数据，程序自动执行公式，并在总计结果单元格中计算对应项目的总计数据，其最终的效果如图 2-3 所示。

效果

项　目			金　额	
收入	工作收入	工资收入	¥	8,000.00
		兼职	¥	1,000.00
		奖金	¥	2,000.00
		工资收入总计	¥	11,000.00
		公积金	¥	1,000.00
		公司股权	¥	2,000.00
		其他工作收入总计	¥	3,000.00
	理财收入	租房租金	¥	3,000.00
		利息收入	¥	300.00
		基金收入	¥	2,000.00
		股票收入	¥	3,000.00
		理财收入总计	¥	8,300.00
	收入总计		¥	22,300.00
支出	消费支出	家用开销（餐饮、水电网费）	¥	4,000.00
		交通	¥	1,000.00
		通讯	¥	200.00
		房贷	¥	6,500.00
		子女教育	¥	2,000.00
		购物	¥	300.00
		旅游	¥	-
		医疗	¥	100.00
		娱乐	¥	500.00
		其他生活支出	¥	600.00
		消费支出总计	¥	15,200.00
	理财支出	定额投资	¥	300.00
		保险保费	¥	150.00
		其他理财支出	¥	1,000.00
		理财支出总计	¥	1,450.00
	支出总计		¥	16,650.00
结余			¥	5,650.00

图 2-3　最终效果

编制资产负债表，了解你的财务结构

除了编制个人收支明细表之外，还要编制个人资产负债表，了解自己的财务结构，掌握资产变动趋势，以便提前发现潜在的风险。

我们知道，在资产负债表中包括了三个部分，即资产、负债和所有者权益，但在个人资产负债表中，只需要编制前两个项目即可。用资产减去负债就是个人的实际财富，也就是净资产。

在编制前，首先要了解个人的资产与负债。

资产指个人拥有的物质财富，包括现金、存款、基金、股票、汽车和房产等。其中容易变现的资产为流动资产，例如现金、存款和货币基金等；不容易变现的为非流动资产，例如房产、车子以及股票等。

负债指个人债务，包括房贷、消费贷、车贷、信用卡欠款以及个人欠款等。其中近期需要偿还的债务为流动债务，例如信用卡欠款、消费贷等；远期待还的债务为非流动负债，例如公积金房贷。

在编制时要注意，个人资产负债表中，资产放置在表格的左侧，负债放置在表格右侧，净资产放置在表格的右下角。

了解这些内容之后，我们就可以开始尝试制作自己的资产负债表了。

首先，打开 Excel 软件，创建一张空白表格。在表格中按照左侧资产、右侧负债、右下角净资产的位置进行编制，并在表格中输入自己的资产、负债项目，完成之后为表格设置字体表格样式，如图 2-4 所示。

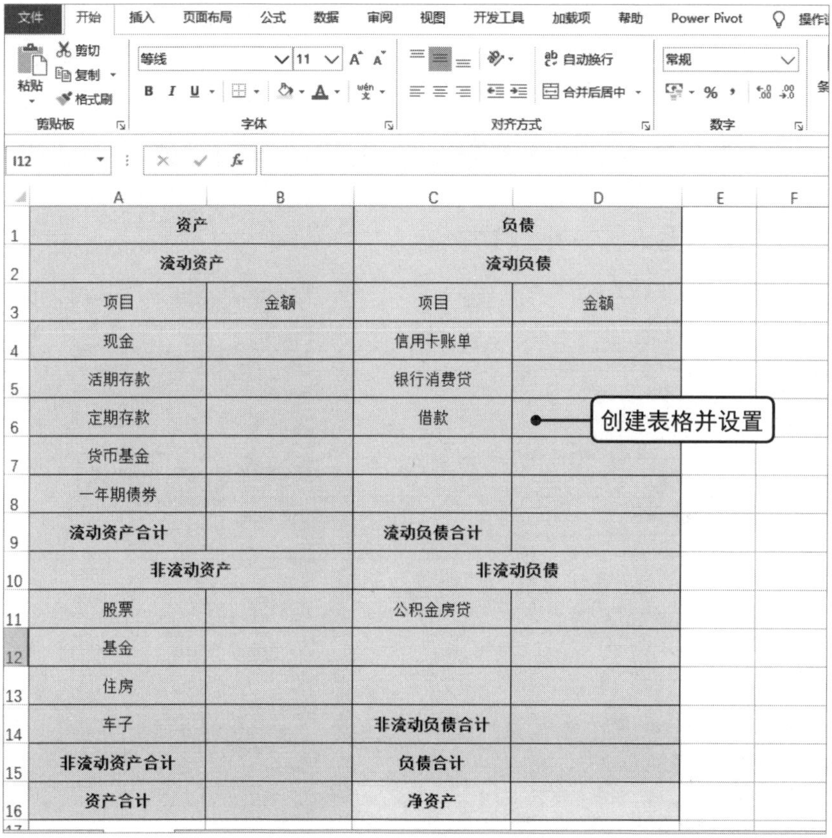

资产		负债	
流动资产		流动负债	
项目	金额	项目	金额
现金		信用卡账单	
活期存款		银行消费贷	
定期存款		借款	
货币基金			
一年期债券			
流动资产合计		流动负债合计	
非流动资产		非流动负债	
股票		公积金房贷	
基金			
住房			
车子		非流动负债合计	
非流动资产合计		负债合计	
资产合计		净资产	

图 2-4　输入项目并设置表格样式

选中 B9 单元格，在其中输入公式“=SUM(B4:B8)”计算流动资产合计。

选中 D9 单元格，在其中输入公式“=SUM(D4:D8)”计算流动负债合计。

选中 B15 单元格，在其中输入公式“=SUM(B11:B14)”计算非流动资产合计。

选中 D14 单元格，在其中输入公式“=SUM(D11:D13)”计算非流动负债合计。

选中 D15 单元格，在其中输入公式“=SUM(D9,D14)”计算负债合计。

选中 B16 单元格，在其中输入公式“=SUM(B9,B15)”计算资产合计。

选中 D16 单元格，在其中输入公式“=B16-D15”计算净资产。

其次，选择表格中所有的金额单元格，在“开始”选项卡下，单击数字格式下拉按钮，在弹出的下拉菜单中选择“会计专用”命令为选择的单元格区域设置对应的格式，如图 2-5 所示。

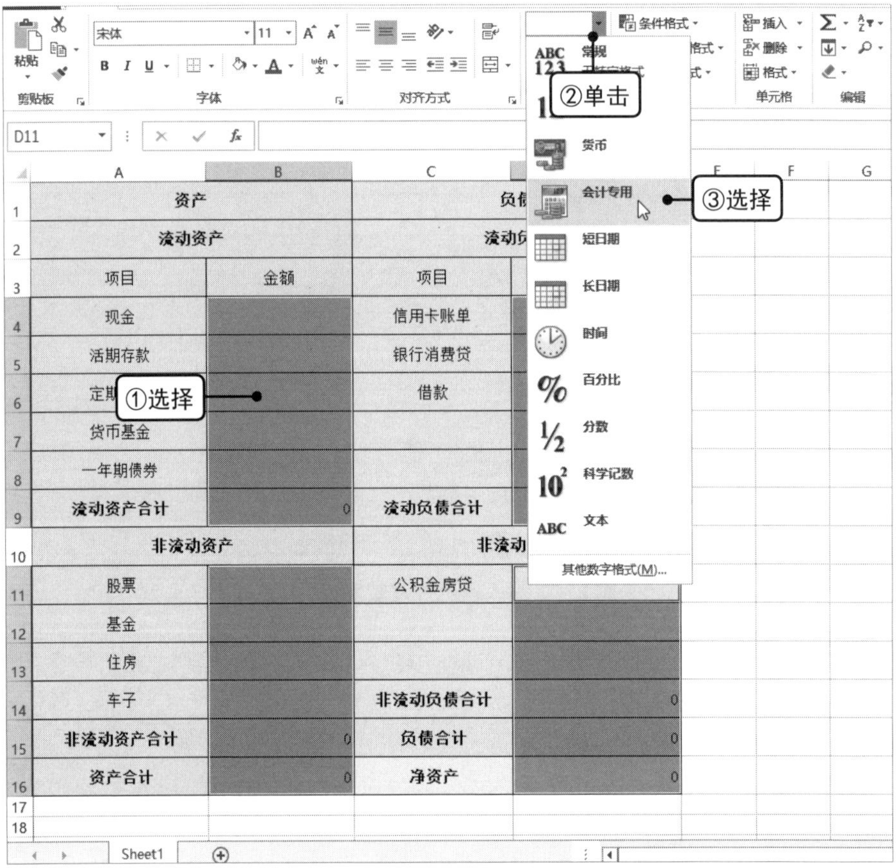

图 2-5　输入公式并设置数字格式

最后，只需要在表格中输入相应的资产和负债明细数据，程序自动执行公式，并在总计结果单元格中计算对应项目的合计数据，其最终的效果如图 2-6 所示。

效果

资产		负债	
流动资产		流动负债	
项目	金额	项目	金额
现金	¥ 3,000.00	信用卡账单	¥ 8,000.00
活期存款	¥ 50,000.00	银行消费贷	¥ 20,000.00
定期存款	¥ 100,000.00	借款	¥ 50,000.00
货币基金	¥ 10,000.00		
一年期债券	¥ 20,000.00		
流动资产合计	¥ 183,000.00	流动负债合计	¥ 78,000.00
非流动资产		非流动负债	
股票	¥ 50,000.00	公积金房贷	¥ 200,000.00
基金	¥ 20,000.00		
住房	¥ 2,800,000.00		
车子	¥ 200,000.00	非流动负债合计	¥ 200,000.00
非流动资产合计	¥ 3,070,000.00	负债合计	¥ 278,000.00
资产合计	¥ 3,253,000.00	净资产	¥ 2,975,000.00

图 2-6　最终效果

查看六大财务指标，分析你的财务健康程度

一个健康的财务状况是我们做投资理财的基础，否则很容易在投资过程中陷入财务危机。但是很多人并不清楚怎么判断自己财务的健康状况，此时，我们可以结合财务指标来进行诊断，当指标比例在一个正常范围内时，就可以判断当前的财务状况良好，但如果指标比例超出正常范围时，就需要引起警惕了。

财务指标有很多，不同的指标有不同的用法，这里介绍六个简便实用的财务指标，快速诊断个人财务健康状况。

◆ 结余比率

结余比率是个人财务指标中最为重要的指标之一，也是判断财务健康与否的关键。当结余过低时，说明个人开支过大或收入过低，存在一定的财务风险。

结余比率的计算公式如下：

结余比率＝（收入－支出）÷ 税后收入 ×100%

当结余比率≥ 30% 时，说明此时的资金支出控制和储蓄积累的能力较强，这部分可以用来投资，以增加个人净资产规模。结余比率越高，说明财富积累的速度越快。

◆ 投资与净资产比率

投资与净资产比率反映的是家庭通过投资提高净资产的能力。为了降低投资的风险，家庭的流动性资产应该满足 3 ～ 6 个月的日常开支，所以投资与净资产比率不应该过高，过高则会给家庭带来巨大的风险隐患；但也不能过低，过低则说明净资产利用率不高，造成资金闲置、浪费。

投资与净资产比率的计算公式如下：

投资与净资产比率＝投资资产 ÷ 净资产 ×100%

投资与净资产比率在 50% 左右比较合适，一方面可以保证适当的投资收益，另一方面也不会给家庭带来过高的投资风险。

◆ 偿付比率

偿付比率的高低可以查看个人负债数额在财务结构中是否处于健康水平，从而反映出个人综合还债能力的高低。

偿付比率的计算公式如下：

偿付比率 = 净资产 ÷ 总资产 ×100%

偿付比率值在 60% 左右比较适宜，当偿付比率过低时，说明债务过多，一旦出现债务到期、收入下降，就会出现资不抵债的情况；当偿付比率过高时，说明没有合理运用和发挥偿债能力。

◆ 负债比率

负债比率是家庭负债总额与总资产的比值，它是衡量家庭财务是否负担过重的重要指标。

负债比率的计算公式如下：

负债比率 = 负债总额 ÷ 总资产 ×100%

负债比率值在 50% 左右比较适宜，当负债比率大幅小于 50% 时，说明负债较低，没有使用财务杠杆效应，消费完全取决于收入，这实际上会影响理财收益的提高；当负债比率大于 50% 时，说明负债过高，已经影响到正常现金流了，很容易出现资金链断裂的情况；当负债比率接近 1 时，说明随时可能面临破产危机。

◆ 流动性比率

流动性比率反映的是个人支出能力的强弱。通常来说，一个家庭只要保留满足 3 ~ 6 个月的正常开销即可，不宜过高也不宜过低。

流动性比率的计算公式如下：

流动比率 = 流动资产 ÷ 每月支出 ×100%

流动比率值在 3 左右比较适宜，即以家庭每月开支的 3 倍金额作为日常备用金。当流动比率过大时，说明流动资产的利用率不高，会影响资产的升值能力；当流动比率过低时，说明流动资产过少，家庭抵御外来风险的能力较弱，容易陷入财务危机。

◆ 负债收入比率

负债收入比率指家庭到期需支付的债务本息与同期收入的比值，它是衡量家庭一定时期财务状况是否良好的重要指标。

负债收入比率的计算公式如下：

负债收入比率 = 当年负债 ÷ 当年税后收入 ×100%

负债收入比率值在 35% 时比较适宜，当负债收入比率过高时很容易引发财务危机，尤其是在如今大部分人背负房贷的情况下，每月房贷最好不要超出每月收入的 1/3。

通过新型财务比率，判断资产成长状况

很多投资者的投资策略属于盲目性投资，没有具体安排和规划，也难以评估出自己的资产成长情况是否合理。此时我们可以引入几个新型的财务比率，来实际查看资产成长情况。

（1）理财成就率

理财成就率可以查看投资者近年来的理财成果，判断投资其是否合理。理财成就率的计算公式如下：

理财成就率 = 当前净资产 ÷（当前年储蓄额 × 已工作年数）×100%

理财成就率的标准值为 1，当理财成就率越高时，说明投资者个人理财越成功。

王先生参加工作到现在已经有 8 年的时间了，当前储蓄金额为 8.00 万元，现有资产为 58.00 万元。王先生的理财成就率计算如下：

58.00÷（8.00×8）×100%=91%

理财成就率 91% ＜ 1，说明王先生的理财成绩不佳。

（2）个人资产成长率

个人资产成长率反映的是个人资产规模的增长情况。个人资产成长率越高，说明一定时期内个人的资产扩张速度越快，财富积累的速度也越快。

个人资产成长率计算公式如下：

个人资产成长率 = 资产变动额 ÷ 期初资产 ×100%

=（年储蓄 + 年投资收益）÷ 期初资产 ×100%

因此，投资者想要提高个人资产成长率，就必须尽可能地增加储蓄，并积极做投资理财，以便获得较高的投资回报。

张先生查看自己的资产信息发现，2019 年总资产期初总额为 28.00 万元，2019 年期末总额为 37.00 万元，那么张先生的个人资产成长率计算如下：

资产成长率 =（37.00−28.00）÷28.00×100%=32.14%

（3）财务自由度

财务自由度是投资理财的重要指标，它指的是当投资者的投资收益可以完全应付日常的消费支出时，工资性的收入基本可以不动。此时即便投资者每天不工作，也不会给生活带来太大的影响。那么，我们可以说该投资者的财务自由度较高。

相反地，如果一个人的收入只有工资收入，一旦失去工作就失去经济来源，那么就说明他的财务自由度较低，或者是财务不自由。财务自由度最好为1，其计算公式如下：

财务自由度 =（目前净资产 × 投资回报率）÷ 目前的年支出 ×100%

= 目前的年收益 ÷ 目前的年支出 ×100%

杨女士每月税后工资6 000.00元，房租收入每月3 000.00元，定存每月收入300.00元，每月各项支出5 000.00元，那么杨女士的财务自由度计算如下：

财务自由度 =（3 000.00+300.00）×12÷（5 000.00×12）×100%=66%

说明杨女士目前的财务自由度还不高，或者说财务还不够自由。杨女士应该拓宽投资的渠道，调整投资比例，增加投资收益。

结合风险承受能力，选择收益率合适的投资

理财投资时，投资者最关心的就是收益率，收益高说明投资回报高，资产增长快；收益率低说明投资回报低，资产增长慢。但并不是所有人都适合收益率高的投资产品。

在理财投资中，风险与收益并行，收益越高则风险越大，收益越低风险越低。因此，投资者应该结合自己承受风险能力的强弱来选择收益率合适的投资产品。

在投资之前，投资者需要对自己承受风险的能力有一个清晰的认识。比较常见的方法是作答风险承受能力评估问卷，通过一系列的投资风险问题评估自身的风险承受能力。

图2-7所示为某风险承受能力评估问卷。

个人投资者风险承受能力评估问卷

尊敬的投资者：

为了便于您了解自身的风险承受能力，选择合适的投资产品和服务，请您填写以下风险承受能力评估问卷。下列问题可协助评估您对投资产品和服务的风险承受能力，请您根据自身情况认真选择。评估结果仅供参考，不构成投资建议。为了及时了解您的风险承受能力，我们建议您持续做好动态评估。我们承诺对您的所有个人资料保密。

1. 请问您的年龄处于：

A. 30 岁以下；　B. 31~40 岁；　C. 41~50 岁；　D. 51~60 岁；　E. 60 岁以上。

2. 您家庭预计进行证券投资的资金占家庭现有总资产（不含自住、自用房产及汽车等固定资产）的比例是：

A. 70%以上；　B. 50%~70%；C. 30%~50%；　D. 10%~30%；　E. 10%以下。

3. 进行一项重大投资后，您通常会觉得：

A. 很高兴，对自己的决定很有信心；

B. 轻松，基本持乐观态度；

C. 基本没什么影响；

D. 比较担心投资结果；

E. 非常担心投资结果。

4. 如果您需要把大量现金整天携带在身的话，您是否会感到：

A. 非常焦虑；

B. 有点焦虑；

C. 完全不会焦虑。

5. 当您独自到外地游玩，遇到三岔路口，您会选择：

A. 仔细研究地图和路标；

B. 找别人问路；

C. 大致判断一下方向；

D. 也许会用掷骰子的方式来做决定。

6. 假设有两种不同的投资：投资 A 预期获得 5%的收益，有可能承担非常小的损失；投资 B 预期获得 20%的收益，但有可能面临 25%甚至更高的亏损。您将您的投资资产分配为：

A. 全部投资于 A；

B. 大部分投资于 A；

C. 两种投资各一半；

D. 大部分投资于 B；

E. 全部投资于 B。

7. 假如您前期用 25 元购入一只股票，该股现在升到 30 元，而根据预测该股近期有一半机会升到 35 元，另一半机会跌到 25 元，您现在会：

A. 立刻卖出；

B. 部分卖出；

C. 继续持有；

D. 继续买入。

8. 同上题情况，该股现在已经跌到 20 元，而您估计该股近期有一半机会升回 25 元，另一半机会继续下跌到 15 元，您现在会：

A. 立刻卖出；

B. 部分卖出；

C. 继续持有；

D. 继续买入。

9. 当您进行投资时，您的首要目标是：

A. 资产保值，我不愿意承担任何投资风险；

B. 尽可能保证本金安全，不在乎收益率比较低；

C. 产生较多的收益，可以承担一定的投资风险；

D. 实现资产大幅增长，愿意承担很大的投资风险。

10. 您的投资经验可以被概括为：

A. 有限：除银行活期账户和定期存款外，我基本没有其他投资经验；

B. 一般：除银行活期账户和定期存款外，我购买过基金、保险等理财产品，但还需要进一步的指导；

C. 丰富：我是一位有经验的投资者，参与过股票、基金等产品的交易，并倾向于自己作出投资决策；

D. 非常丰富：我是一位非常有经验的投资者，参与过权证、期货或创业板等高风险产品的交易。

11. 您是否了解证券市场的相关知识：

A. 从来没有参与过证券交易，对投资知识完全不了解；

B. 学习过证券投资知识，但没有实际操作经验，不懂投资技巧；

C. 了解证券市场的投资知识，并且有过实际操作经验，懂得一些投资技巧；

D. 参与过多年的证券交易，投资知识丰富，具有一定的专业水平。

12. 您用于证券投资的资金不会用作其他用途的时间段为：

A. 短期——0 到 1 年；

B. 中期——1 到 5 年；

C. 长期——5 年以上。

评估意见：您的风险承受能力评级属于：＿＿＿＿＿＿＿＿型。

图 2-7　风险承受能力评估问卷

确定了自己的风险承受能力之后，就可以选择对应投资收益率水平的投资产品了。投资收益指投资所得的收入减去投资损失后的净收益。

投资资产可以分为三类，即流动性资产、特定投资资产和保障性资产，下面分别进行介绍。

◆ 流动性资产

流动性资产指流动性强，可以随存随取、以备不时之需的资产配置。这类投资产品安全性较高，但收益率普遍较低，例如银行活期储蓄、货币基金以及国债等，收益率在 5% 以下。其中，银行活期储蓄更是低至 0.35%。

◆ 特定投资资产

特定投资资产指资金流动性相对较弱的投资品种，这类投资产品的种类比较丰富，收益率有高有低，对应的风险也有高有低。例如股票、基金、信托和股权等，具体的收益率根据品种、市场的不同而不同。

◆ 保障性资产

保障性资产指的是保险，虽然保险的功能主要是消费性的保障型保险，但是保险公司也针对投资者推出了理财型保险，例如万能险、分红险以及投连险。保险的收益率通常在 4% 左右。

第3章

通过四大账户完成自己的财务规划

投资者在投资之前最好针对自己的财务账户做一个规划安排，以便让自己的资金使用计划性更强，使用率更高，更能发挥资金的作用。账户规划通常由四大账户来实现，即现金账户、备用账户、投资账户以及长期收益账户。

四大账户的资产配置是怎么回事

我们都希望自己的资产能够保持一个稳定的财务结构，以便能够在满足日常生活开支的基础上，还可以抵御不可预知的外来风险，另外还可以实现资产的保额增值。由此，产生了四大账户。

四大账户实际上就是对我们的家庭资产进行划分，让其根据资金的使用情况分成四个账户，各个账户具有不同的功能和作用。图 3-1 为四大账户结构图。

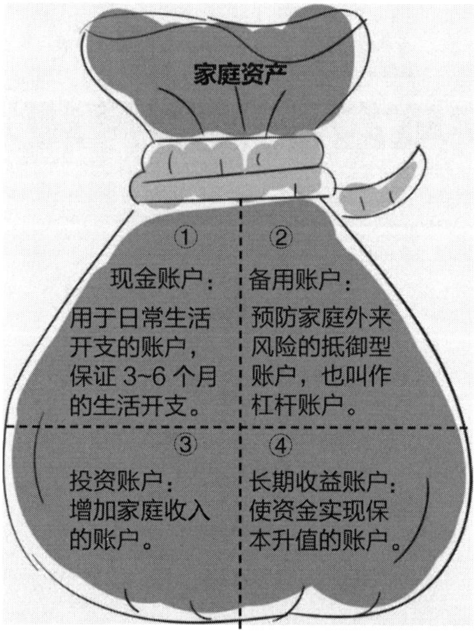

图 3-1　四大账户结构图

通过图 3-1 可以看到，四大账户的资产配置方式将我们的家庭资产进行了合理分配，一方面可以满足日常生活所需，另一方面也实现了风险抵御，更重要的是可以达到资产增值。在这样的资产结构配置下，投资者的资产结构更加平衡和安全。

现金账户：生活费账户

现金账户是四大账户的第一个账户，也是最基本的账户，它主要负责我们日常生活的开销，是对个人或家庭生活水平的保障，也就是生活费账户。鉴于此，现金账户通常以资金流动性较强的活期储蓄和货币基金为主。

因为每个家庭的收入情况不同，生活消费水平也不同，所以难以直接规定现金账户的比例额度。但是现金账户的资产分配比例，应该占家庭总资产的 10% 左右是比较合理的。

如果远远超过 10%，可能会出现现金账户比例过高，大量资金被闲置，利用率不高，浪费了资金投资增值的机会，或者是表明家庭生活开销过大，可能会破坏家庭资产的结构。如果小于 10%，可能难以保证日常生活的开销，让家人生活陷入困境。

市面上有许多的此类产品比较适合作为我们的现金账户，例如大家比较熟悉的余额宝。余额宝是蚂蚁金服 2013 年推出的一款货币基金，操作简单，买入门槛较低，且随存随取，既能满足我们资金高流动性的需求，还能够产生收益。

进入手机支付宝，点击页面下方“我的”按钮，在页面中选择“余额宝”选项，即可进入余额宝界面，如图 3-2（左）所示。

在余额宝页面中点击“转入”按钮，如图 3-2（右）所示。

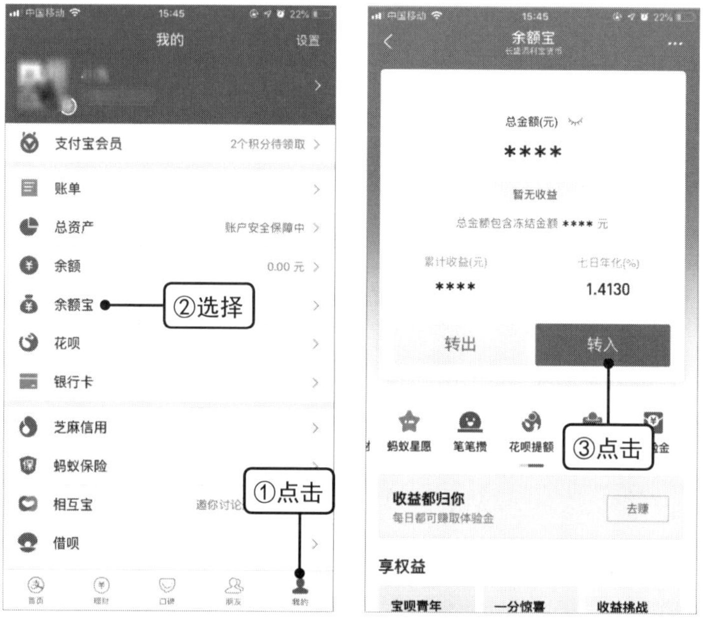

图 3-2　进入余额宝

页面跳转至“转入余额宝”页面，点击页面中的银行卡信息按钮，进入“选择付款方式”页面，选择需要转出金额的银行卡，如图 3-3 所示。

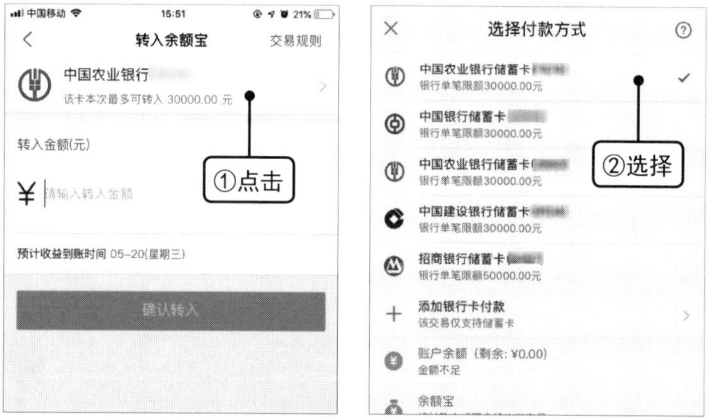

图 3-3　选择付款方式

返回至“转入余额宝”页面，在页面中的“请输入转入金额”文本框中输入转入金额，再点击“确认转入”按钮。进入支付页面，在页面中输入支付密码，再点击“付款”按钮即可，如图 3-4 所示。

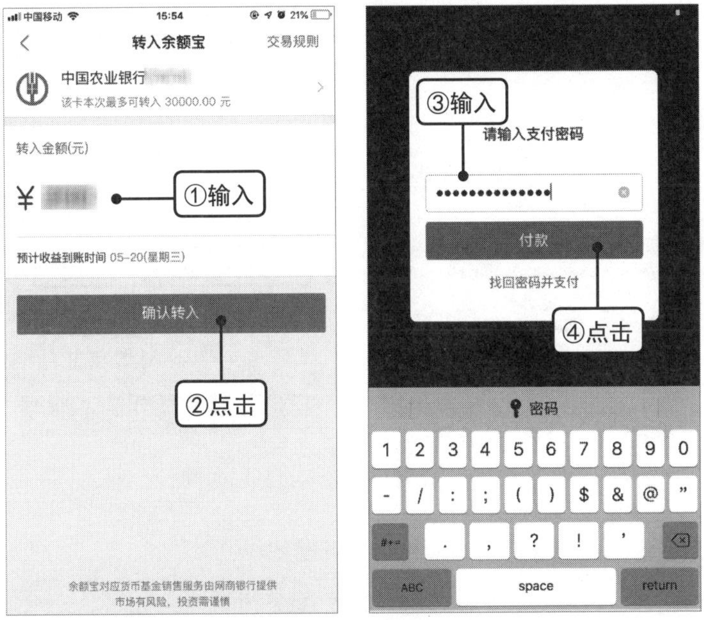

图 3-4　转入余额宝

完成之后即可在余额宝中查看自己的资金转入情况，整个操作过程非常简单。另外，对于固定性的收入，例如工资等，可以在余额宝中设置定期自动转入，这样就可省去手动转入的操作，更加便捷。

在余额宝页面中，点击“工资理财”按钮，进入“余额宝工资理财”页面。在页面中设置每月自动转入的金额和日期，选中“同意服务协议……”前的单选按钮，最后点击“体验一下”按钮，如图 3-5 所示。（每个人转出的银行不同，选中服务协议时显示的银行也不同）

图 3-5　设置自动转入金额和时间

设置完成后，按照页面提示输入支付密码即可。

备用账户：为突发事件保驾护航

备用账户是为了抵御家庭重大风险和危机而设置的账户，目的是希望通过以小博大的方式解决家庭中突发性的重大开支，例如突发性疾病、死亡以及意外事故等。

备用账户在日常生活中体现不出价值，甚至看不到设立备用账户的意义，但是一旦风险来临，备用账户可以在很大程度上解决家庭的风险和危机。因此，备用账户应该是一个专款专用的账户，专门保障家庭成员出现意外或疾病时的费用开支。

备用账户一般占家庭资产的 20% 左右时比较合理，抵抗风险的能力比较强，也不会给家庭带来较重的经济负担。

备用账户一般使用的金融工具是保险，包括意外险、医疗险、重疾险以及寿险，它们的特点就是专款专用，以小博大，高杠杆效应。当意外发生时，能够最大限度地帮助家庭渡过危机。

◆ 意外险

意外险，即意外伤害险，它是人身保险业务之一，以被保险人因遭受意外伤害造成死亡、残废为给付保险金条件的人身保险。基本内容是：投保人向保险人交纳一定的保险费，如果被保险人在保险期限内遭受意外伤害并以此为直接原因或近因，在自遭受意外伤害之日起的一定时期内造成死亡、残废、医疗费支出或暂时丧失劳动能力，则保险人给付被保险人或其受益人一定量的保险金。

◆ 医疗险

医疗险除了国家五险一金中要求的基本医疗保险外，还有商业医疗保险。针对不同的医疗情况和医疗费用，有多种医疗保险险种，具体见表 3-1。

表 3-1　医疗保险的险种

险　种	内　容
普通医疗保险	负责被保险人因疾病和意外伤害支出的门诊医疗费和住院医疗费
意外伤害医疗保险	负责被保险人因遭受意外伤害支出的医疗费，作为意外伤害保险的附加责任
住院医疗保险	负责被保险人因疾病或意外伤害需要住院治疗时支出的医疗费，不负责被保险人的门诊医疗费，既可以采用补偿给付方式，也可以采用定额给付方式

续表

险　种	内　容
手术医疗保险	属于单项医疗保险，只负责被保险人因施行手术而支出的医疗费，不论是门诊手术治疗还是住院手术治疗
特种疾病保险	该险种以被保险人患特定疾病为保险事故，当被保险人被确诊为患某种特定疾病时，保险人按约定的金额给付保险金，以满足被保险人的经济需要

投资账户：专注收益“钱生钱”

投资账户是一个专注收益、追求高回报且具有高风险的账户，其存在的目的是提升家庭收入。投资账户相较于其他 3 个账户而言，风险性最高，有可能赚钱，也可能会赔钱，所以占比不要过大，否则容易引起家庭财务危机，但也不应该过低，过低会影响投资收益，一般占资产的 30% 左右即可。

对于投资账户，根据投资的风险性可以将其做进一步的划分，分为两类，即风险低、固定收益的投资和风险高、高收益的投资。

◆ 风险低、固定收益的投资

固定收益的投资金融工具，有基金定投和年金保险等。基金定投是定期定额投资基金的简称，指在固定的时间以固定的金额投资到指定的开放式基金中，类似于银行的零存整取。

年金保险指投保人或被保险人一次或按期交纳保险费，保险人以被保险人生存为条件，按年、半年、季或月给付保险金，直至被保险人死亡或保险合同期满，是人寿保险的一种，保障被保险人在年老或丧失劳动能力时能获得经济收益。

◆ 高风险、高收益的投资

高风险、高收益的投资金融工具有很多，且随着投资市场的日益丰富，越来越多的金融工具出现在大家面前，例如股票、期权、基金、债券、古董以及商铺等。

因为不同的金融工具其投资风险高低也不同，所以为了降低投资风险，也为了提高投资收益率，可以进行组合投资。组合投资指对高风险和低风险的金融产品进行组合，不将鸡蛋放在一个篮子里的投资方式。

王先生家庭投资账户有 20.00 万元，为了追求高收益，他将投资的目光对准了股票市场。经过一番精心挑选之后，他看中了汇顶科技（603160）个股。汇顶科技从 2019 年 6 月起便出现稳定上涨的走势，进入 9 月后股价虽然止涨，但股价在 180.00 元至 220.00 元区间盘整，多次下跌也未跌破 180.00 元支撑线，说明盘内有庄家控盘，盘整结束后该股可能会迎来一波上涨。所以在 2020 年 1 月 10 日和 1 月 13 日 K 线连续收出两根涨停线后，王先生果断决定入场，在 260.00 元时买进，如图 3-6 所示。

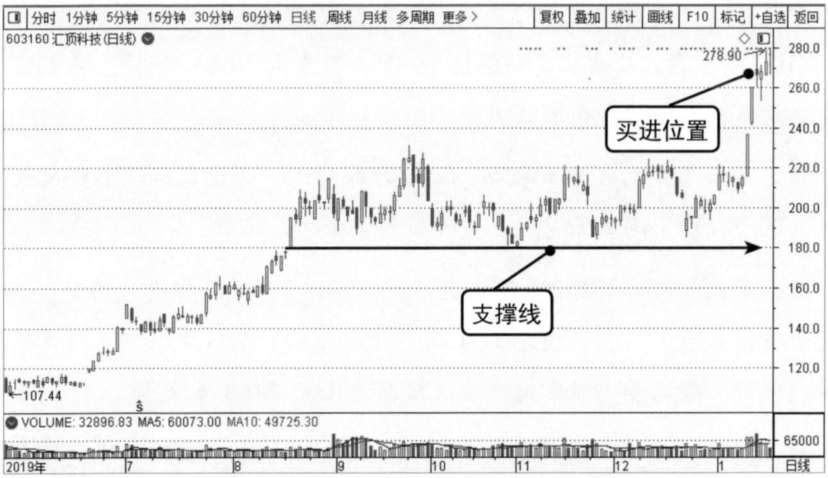

图 3-6　汇顶科技 2019 年 6 月至 2020 年 1 月的 K 线走势

随后股价果然转入上升行情，但该轮上涨仅仅维持了一个多月就转入下跌行情中。王先生认为此番下跌只是暂时回调，随后便会止跌回升，所以没有抛售持股。此时K线图如图3-7所示。

图3-7　汇顶科技2019年12月至2020年5月的K线走势

但是此番下跌持续了两2个多月，跌幅达到43%，跌幅较深。王先生截止到2020年5月，此番投资跌幅达15.4%，损失近30 800.00元。由此可见，王先生没有在最好的时间抛售持股。

但是如果王先生在投资之初，以组合的形式，通过高风险和低风险结合的方式进行投资，那么王先生的投资风险就会明显降低。

例如王先生可以将20.00万元进行拆分，以4:6的比例进行组合，40%的资金投资高风险的股票，追求高收益；以60%的资金做风险相对较低的基金投资，例如可以选择上投摩根中国生物医药（001984）基金。

从上投摩根中国生物医药（001984）2019年4个季度的表现情况来看，该基金整体表现出稳定上涨走势，成绩优异，大有继续维持的趋势。图3-8所示为上投摩根中国生物医药（001984）季度涨幅情况。

季度涨幅　来源：天天基金

	年1季度	19年4季度	19年3季度	19年2季度	19年1季度	18年4季度	18年3季度	18年2季度
阶段涨幅	---	10.88%	18.24%	4.42%	0.69%	-7.00%	-9.67%	-7.69%
同类平均	---	6.84%	0.33%	1.68%	11.23%	-11.55%	1.26%	3.81%
沪深300	---	5.44%	-0.29%	-1.21%	28.62%	-12.45%	-2.05%	-9.94%
同类排名	---	55|276	1|264	47|267	231|258	1466|2975	2557|2970	2171|2983
四分位排名	---	优秀	优秀	优秀	不佳	良好	不佳	一般

图 3-8　上投摩根中国生物医药季度涨幅

如果王先生在 2020 年 1 月中旬用 60% 的资金以 1.527 8 元的价格买进，截止到 5 月，涨幅达到 35%，如图 3-9 所示。

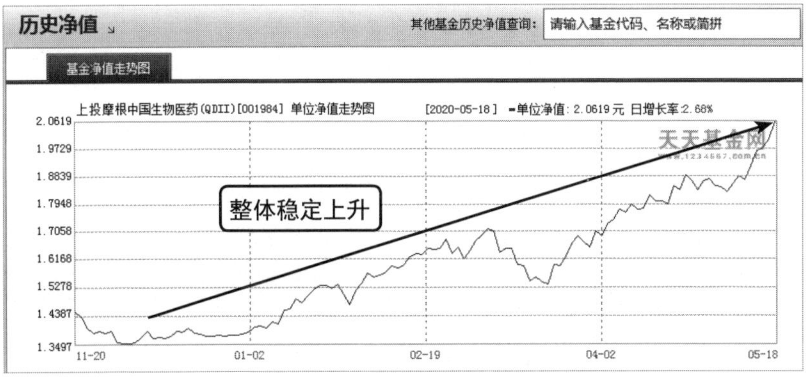

图 3-9　上投摩根中国生物医药季度净值走势图

组合投资下，王先生的这轮投资收益如下所示。

股票投资收益：200 000.00 × 40% × （−15.4%）=−12 320.00（元）

基金投资收益：200 000.00 × 60% × 35%=42 000.00（元）

这轮投资收益为：42 000.00+（−12 320）=29 680.00（元）

可以看出，组合投资的确能够在降低投资风险的基础上获得一定投资收益，具有很好的抗击风险的能力；但是高低风险组合投资形式，在大牛市行情中会减少一定的投资收益。

长期收益账户：保本基础上再增值

最后一个账户是长期收益账户，它要求能够在保障本金安全性的情况下，再追求一定的收益，通常是为了保障个人养老金，或者是子女教育金而准备的。可以看出，这类资金具有短期内不需要使用、将来某一段时间必须要使用的特性，因此它具有时间性的特点，我们在投资时也需要重点利用它的这一特点。

长期收益账户因为要求“保本”性，所以收益不一定高，但要有长期稳定性。一般占据家庭资产的 40% 左右，以定期强制储蓄为主。

以子女教育金型的长期收益账户为例，它是针对少年儿童在不同成长阶段的教育需要提供相应的保险金。子女教育险的产生使得被保险少儿在一生的各个特定阶段需储备一笔基金，从而减轻父母一次性支付费用的经济负担。

子女教育金从保险产品的保障期限来看有两类：终身型教育保险和非终身型保险。

- 终身型教育保险：通常会考虑到一个人一生的变化，设定固定时间点进行返还，孩子小的时候可以用作教育金，年老时可以转换为养老金，分享保险公司长期经营成果，保障家庭财富的传承等。
- 非终身型保险：一般属于 “专款专用”型的教育金产品，在保险金的返还上，完全是针对少儿的教育阶段而定，通常会在孩子进入高中、大学两个重要时间节点开始每年返还资金，到孩子大学毕业或创业阶段再一次性返还一笔费用，帮助孩子在每一个教育的重要阶段都能获得一笔稳定的资金支持。

教育金保险的功能主要有两点。

①教育金保险具有强制储蓄的功能，一旦建立了教育保险计划就必须定期定额地存入约定金额，以确保保险计划的进行。如果中途退保、停止储蓄或提前解约，将面临巨额损失。

②教育金保险从本质上来看还是属于保险，具有保险的功能，其附加险种可以为投保人和被保险人提供疾病、意外以及伤残等方面的保障。

支付宝蚂蚁保险就推出了一款适合做长期收益账户的子女教育金。该保险具有强制储蓄、专款专用的特点，操作简便。打开支付宝，进入“我的”页面，选择“蚂蚁保险”选项，进入蚂蚁保险页面，如图 3–10（左）所示。

在页面下方“为家人保障”栏目中选择“子女”选项，再选择“教育金”产品选项，如图 3–10（右）所示。

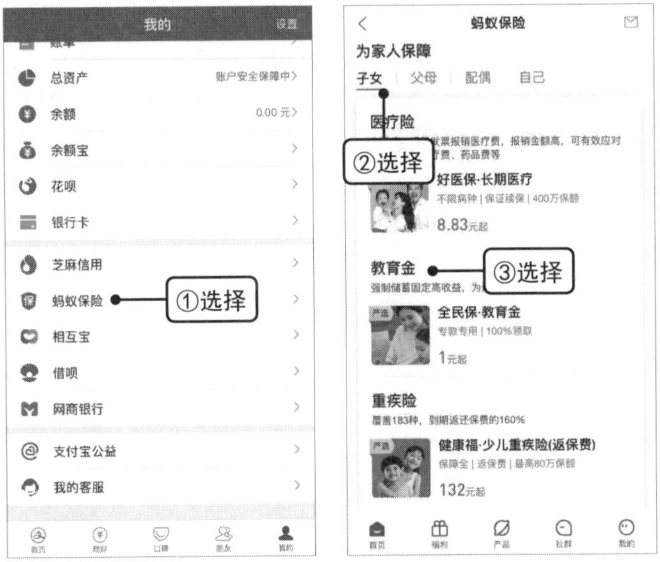

图 3–10　选择“教育金”产品选项

进入教育金页面，根据页面提示设置宝贝生日、投入金额和加保周期等，点击“确定”按钮，如图 3-11（左）所示。

页面弹出开通确认信息对话框，点击“同意并开通”按钮，如图 3-11（右）所示，然后输入支付密码即可。

图 3-11　开通教育金

第4章

摸清企业财务状况 再做投资打算

投资者选择一个投资产品时，除了需要了解产品本身的收益情况，还要从长远的角度对其做进一步的考察，即查看该产品背后的企业财务状况是否良好。一个自身财务混乱、账目入不敷出的企业，推出的理财产品必然不值得信赖和期待。

资产负债表包括哪些内容

了解一个企业的财务状况，最全面、最直接的方式就是掌握其资产负债表信息。对于资产负债表我们并不陌生，在本书的第一章中已经对资产负债表做了一个简单的介绍，接下来我们进一步看看资产负债表的结构内容。

资产负债表的结构以“资产 = 负债 + 所有者权益”这一会计平衡公式为理论基础。表格的左边即企业的资产，包括企业在商品经营活动中持有的各项资金占用；表格的右边又分为上下两个部分，上部分反映企业的负债构成情况，下部分反映所有者权益构成情况，右边上下两部分合计数的相加之和等于左边合计数。

资产负债表由表首、正表和补充资料三部分组成。

◆ 表首

表首主要说明报表名称、报表编号、编制单位、编制日期和计量单位等项目。

◆ 正表

正表是资产负债表的主体，分为资产、负债和所有者权益三个部分，其中资产类和负债类按流动性进行划分，并按照流动性的大小顺序进行排列。左边是资产类，包括五大项目。

①流动性资产，包括货币资金、短期投资、应收票据、应收账款、坏账准备、预付货款、其他应收款、存货、待摊费用、待处理流动资产净损失和一年内到期的非流动资产等项目。

②长期投资，指不准备在一年内变现的投资。

③固定资产，包括固定资产原价、累计折旧、固定资产净值、固定资产清理、在建工程和待处理固定资产净损失等项目。

④无形资产及递延所得税资产，包括无形资产和递延所得税资产。

⑤其他长期资产。

正表右边上部分的负债则分为三大类。

①流动负债，包括短期借款、应付票据、应付账款、预收账款、其他应付款、应付工资、应付福利费、应交税费、预提费用、一年内到期的长期负债和其他流动负债等项目。

②长期负债，包括长期借款、应付债券、长期应付款和其他长期负债等项目。

③递延税款，包括递延税款贷项。

正表右边下部分显示所有者权益，即企业所有者在企业资产中享有的剩余权益，包括实收资本、资本公积、盈余公积和未分配利润等项目。

◆ 补充资料

补充资料也是资产负债表的重要组成部分，列在资产负债表的下端。补充资料所提供的是使用者需要了解，但在基本部分中无法反映或难以单独反映的一些信息。它主要注明商业承兑汇票贴现的金额、融资租入固定资产的原价、库存商品的期末余额以及商品削价准备的期末余额等。

根据正表的不同格式，可以将资产负债表分为报告式和账户式两种。

报告式是垂直式，即资产负债表按资产、负债和所有者权益项目的顺序，采用垂直分列的形式。报告式资产负债表分为上下结构，上半部分列示资产，下半部分列示负债和所有者权益。具体排列包括两种形式：依照“资产 = 负债 + 所有者权益”的原理排列，如图 4-1（左）所示；或者依照“资产 − 负债 = 所有者权益”的原理排列，如图 4-1（右）所示。

资产负债表

编制单位：　　　　年　月　日　　　　单位：元

资产	
流动资产	×××
长期投资	×××
固定资产	×××
无形资产	×××
……	
其他资产	×××
资产合计	×××
负债	
流动负债	×××
长期负债	×××
……	
其他负债	×××
负债合计	×××
所有者权益	
实收资本	×××
资本公积	×××
盈余公积	×××
未分配利润	×××
所有者权益合计	×××
权益合计	×××

资产负债表

编制单位：　　　　年　月　日　　　　单位：元

资产	
流动资产	×××
长期投资	×××
固定资产	×××
无形资产	×××
……	
其他资产	×××
资产合计	×××
减：负债	
流动负债	×××
长期负债	×××
……	
其他负债	×××
负债合计	×××
所有者权益	
实收资本	×××
资本公积	×××
盈余公积	×××
未分配利润	×××
所有者权益合计	×××

图 4-1　报告式资产负债表

账户式左边列示资产项目，右边列示负债和所有者权益项目。由于它反映的借贷方向与账户的借贷方向一致，故称账户式。账户式资产负债表要求左右两边的合计数保持平衡，这为报表使用者对企业财务状况进行对比分析提供了便利。

在我国，企业比较常用的是账户式资产负债表，本书介绍的资产负债表也以账户式为主，报告式资产负债表作为一个附加知识，可以稍作了解。

企业的资产及其分类

企业的资产指企业过去经营交易或各种事项形成的、由企业拥有或控制的、预期会给企业带来经济利益的资源。根据财务报表列报准则的相关规定，资产负债表中的资产应该按照资产的流动性进行划分，分为流动资产和非流动资产。

（1）流动资产

流动资产是企业资产的重要组成部分，是企业中流动性最强的一种资产，也是衡量一个企业短期偿债能力大小的重要指标。因此，我们查看资产负债表时不能忽视了流动资产。

从概念上来看，流动资产指企业可以在一年或者超过一年的一个营业周期内变现或者运用的资产，主要包括货币资金、短期投资、应收票据、应收账款和存货等。

根据不同的角度，可以对流动资产进行不同类型的划分。

◆ 按照流动资产在不同性质企业中的作用划分

工业企业的流动资产可分为表 4-1 所列的五类。

表 4-1　流动资产的类型（一）

名　称	内　容
储备资产	从购买到投入生产为止，处于生产准备阶段的流动资产，包括原材料及主要材料、辅助材料、燃料、修理用备件、低值易耗品、包装物、外购半成品等

续表

名　　称	内　　容
生产资产	从投入到产成品制成入库为止，处于生产过程中的流动资产，包括在产品、自制半成品、待摊费等
成品资产	从产品入库到产品销售为止，处于产品待销过程中的流动资产，包括产成品和准备销售的半成品和零部件等
结算资产	指各种发出商品、应收账款、应收票据等
货币资金	指银行存款、库存现金等

商业企业可以将流动资产划分为表 4–2 所列的四类。

表 4-2　流动资产的类型（二）

名　　称	内　　容
商品资产	包括库存商品和在途商品等
非商品资产	包括包装物、物料用品、低值易耗品和待摊费用等
结算资产	包括各种应收预付款、应收票据等
货币资产	包括银行存款、库存现金等

◆ 按流动资产的表现形态

按流动资产的表现形态可分为货币性流动资产和实物形态流动资产。

货币性流动资产。货币性流动资产以货币形态存在，包括结算资产和货币资产。

实物形态流动资产。实物形态流动资产包括储备资产、生产资产和成品资产等，这些资产是在进行流动资产价格鉴证时的重点。

◆ 按对流动资产进行计划管理的需要

按对流动资产进行计划管理的需要可分为定额流动资产和非定额流动资产。定额流动资产是流动资产的基本组成部分，包括原材料、辅助材料、在产品、自制半成品和产成品等；非定额流动资产包括结算资产和货币资金等。

（2）非流动资产

非流动资产和流动资产相对，它指不能在一年或者超过一年的一个营业周期内变现或者耗用的资产。主要包括持有到期投资、长期应收款、长期股权投资、工程物资、投资性房地产、固定资产、在建工程、无形资产、长期待摊费用和可供出售金融资产等。

企业的负债及其分类

负债指企业过去的交易或者事项形成的、预期会导致经济利益流出企业的现时义务。从负债的概念上来看，它主要具有以下四个方面的特征。

①负债应该是企业承担的现时义务，即企业在现形条件下已承担的义务。

②负债一定会导致经济利益流出企业，只要企业履行清偿负债的义务时，利益流出就会发生。

③负债是在企业过去交易的事项基础上形成的，换句话说，就是只有过去已经发生的交易或事项才能够形成负债，未来的承诺以及签订的合同等，都不能形成负债。

④负债是在将来某个时日履行的强制性责任。

负债按照其偿还速度或时间的长短进行划分，可以分为流动负债和长期负债。

流动负债。流动负债指一年或超过一年的一个营业周期内偿还的债务，如短期借款、应付票据、应付账款、应付职工薪酬、应交税费、预收账款以及其他应付款等。

长期负债。长期负债指偿还期超过一年或超过一年的一个营业周期以上的债务，如长期借款、应付债券和长期应付款等。

所有者权益及其组成情况

所有者权益指企业资产扣除负债后，由所有者享有的剩余权益。公司的所有者权益又称为股东权益。

所有者权益是所有者对企业剩余资产的索取权，它是企业的资产扣除债权人权益后应由所有者享有的部分，既可反映所有者投入资本的保值增值情况，又体现了债权人权益的保障程度。

所有者权益的来源包括所有者投入的资本、其他综合收益和留存收益等，通常由实收资本（或股本）、资本公积（含股本溢价或资本溢价、其他资本公积）、其他综合收益、盈余公积和未分配利润等构成。

具体的所有者权益结构组成如图 4-2 所示。

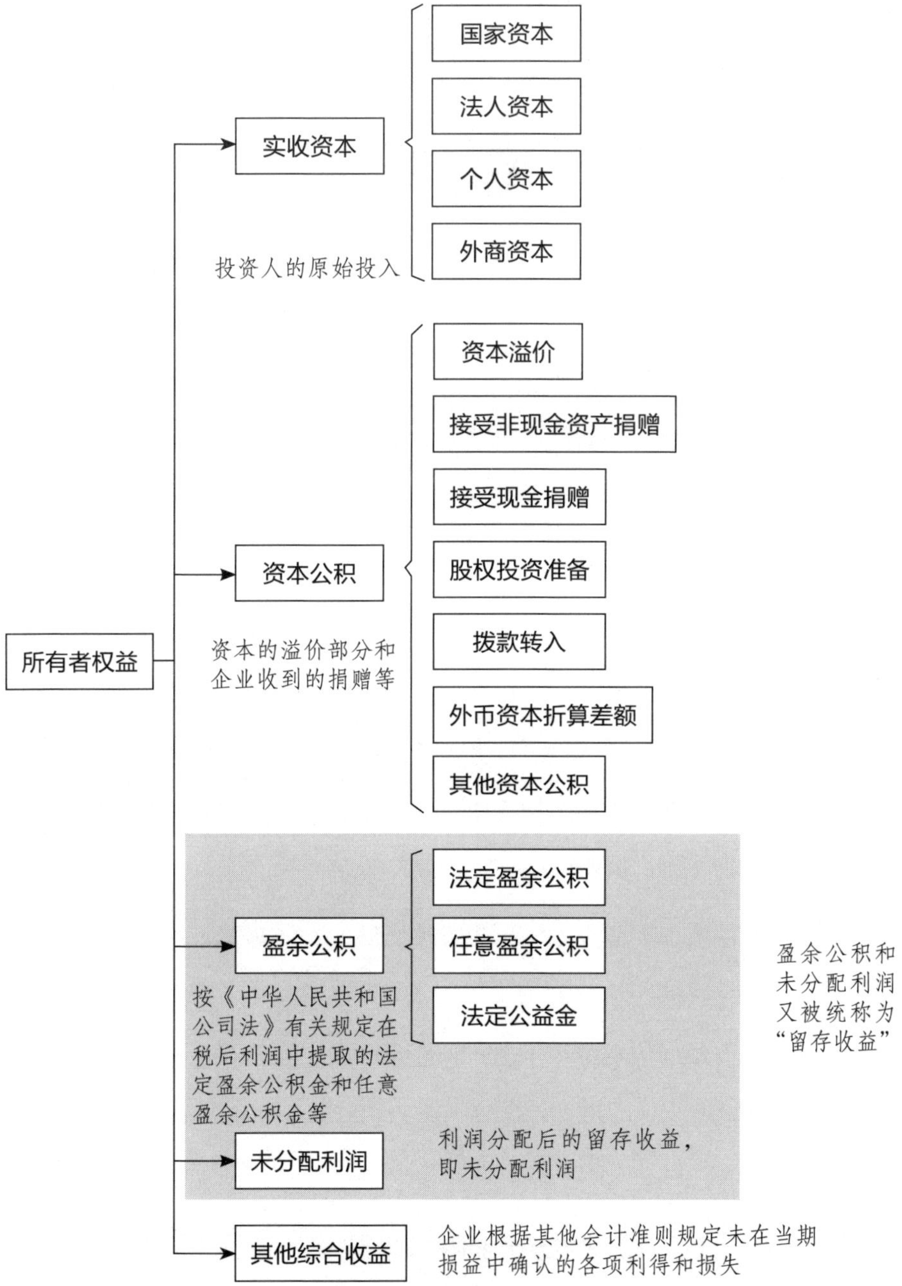

图 4-2　所有者权益组成结构

投资者阅读资产负债表的方法

不同的资产负债表使用者阅读资产负债表时关注的重点不同，阅读的方法也不同。面对资产负债表中的众多数据信息，大部分投资者往往会陷入迷茫，完全不知如何下手。

其实，当我们拿到一份资产负债表时需要掌握一定的阅读方法，具体如下所示。

（1）第一步，大体浏览

大体浏览指我们得到一份资产负债表时，首先可以从大体上浏览一遍，对资产负债表中企业的资产、负债及股东权益的总额及其内部各项目的构成和增减变化有一个初步的认识。

因为企业的总资产在很大程度上反映出了企业的经营规模情况，而它的增减变化与企业负债、股东权益变化紧密关联。

当股东权益增加幅度高于资产总额增长时，此时可以说明企业的资金实力增强了。

如果股东权益增加幅度小于资产总额增长时，说明企业规模扩大的主要原因来自企业负债规模的增加，进一步说明了企业可能存在债务过重的问题，可能出现债务危机，资金实力相对降低。

（2）第二步，查看企业资产的构成情况

将企业资产做分类，分为经营性资产和投资性资产。比较两类资产在总资产中的占比情况，可以查看企业的主营业务。

集团公司或以投资为主业的公司，金融资产占比会多一些；如果是一家普通的加工制造类公司，投资性资产占比很大，说明这家公司主营业务可能存在一定的问题，偏离了经营范围需要引起注意。

（3）第三步，要点项目重点查看

对资产负债表有了大体认识之后，就要针对其中的一些要点项目进行重点查看，尤其是期初与期末数据变化较大以及出现大额红字的项目要重点查看。不同的项目变化代表的意义不同，具体如下所示。

◆ 货币资金

货币资金反映的是企业库存现金、银行结算账户存款、外埠存款、银行汇票存款、银行本票存款和在途资金等货币资金的合计数。货币资金应该与短期债务以及经营所需相匹配，如果货币资金过低，则说明企业的偿债能力可能较低；如果货币资金过高，则说明企业的资金运用能力较弱，造成资金闲置。

因此，当货币资金出现下列三种情况时要重点查看分析。

①货币资金大幅小于短期负债，说明企业可能出现短期偿债危机。

②货币资金充足，但负债中存在大量的有息负债，说明企业的资金可能存在虚构、冻结或被大股东占用的情况。

③使用受限的资金数量较大，例如企业内的定期存款很多，或者其他货币资金数额大，流动资金却严重缺乏。这些情况与第二种情况类似，可能是资金存在被冻结或被大股东占用的情况。

◆ 应收账款

应收账款反映的是企业因销售产品和提供劳务等而应向购买单位收取的

各种款项。应收账款存在两个问题：一是降低了企业资金的使用效率；二是夸大了企业经营成果。

因此，应收账款应该从两个方面来考虑。

首先，应收账款的增幅与营业收入增幅的对比，如果企业中的应收账款大幅增长，且增长幅度超过了同期营业收入，应收账款回款速度低于行业平均水平，或呈现明显下降趋势，往往预示着两种可能：企业临时放宽了信用政策，加大赊销力度；或者是企业提前确认收入甚至虚构收入。

其次，要考虑应收账款在主营业务收入中的比重情况，如果比重过大且有很大部分应收账款是一年以上应收款，此种情况下，投资者就需要警惕企业收入的真实性。

◆ 存货

存货反映企业期末在库、在途和在加工中的各项存货的实际成本，包括原材料、包装物、低值易耗品、自制半成品、产成品和分期收款发出商品等。通常存货余额不应过大，比例过大将占用企业的资金，影响企业的资金流动，减弱企业的付现偿债能力。

◆ 投资性资产

投资性资产指企业持有的长期储蓄、保险金、股票、债券、基金和期货等以保值、增值为目的的投资性货币或票据。这里主要查看长期股权投资，如果这部分资产没有带来现金流入，说明资产的利用效率不高，缺乏实际的效益。

◆ 其他应收款

其他应收款指企业除买入返售金融资产、应收票据、应收账款、预付账款、应收股利、应收利息、应收代位追偿款、应收分保账款、应收分保合同准备金和长期应收款等以外的其他各种应收及暂付款项。

查看其他应收款时，要注意查看是不是关联方借款，有没有借款协议。如果数额太大，说明关联方交易比较严重。另外还需要查看关联方是谁，如果是这家企业的母公司，那么这笔钱比较难收回；如果是子公司，比较容易收回。

◆ 应付票据 / 应付账款

应付票据 / 应付账款都是应付项目，反映的是企业占用他人资金的规模，也反映出企业的谈判能力，以及在行业中的地位情况。应付票据分为两种，即银行承兑汇票和商业承兑汇票，如果商业承兑汇票更多，说明对方客户比较信任该企业。

◆ 短期借款

短期借款指企业根据生产经营的需要，从银行或其他金融机构借入的偿还期在一年以内的各种借款，包括生产周转借款、临时借款等。

短期借款需要与货币资金进行比较分析，如果货币资金远大于短期借款，说明企业内有大量闲置资金；如果短期借款远大于货币资金，说明企业可能有短期偿债风险。

◆ 实收资本与资本公积

实收资本与资本公积之和为股东投入企业的资源。实收资本是企业实际收到的资金，一般情况下是跟企业的工商注册资金一致。而资本公积包含的内容就比较多了，如资本溢价、其他资本公积和企业收到的捐赠等。

资本公积一般用于转增资本，体现的是资本市场对企业的估值溢价，所以相较于实收资本，资本公积稳定性更差，会随着资本市场的波动发生变动。

因此，投资者评估一家企业的实力时，应该更注重实收资本的情况，相应地，如果企业的资本公积过大，说明企业在稳定性方面还存在不足。

◆ 盈余公积和未分配利润

盈余公积和未分配利润统称为企业的留存收益，代表了企业赚取的利润，是企业成长能力的体现。企业对于未分配利润享有较高的自主权，因此投资者要重点关注企业是如何使用这部分利润的。

如果企业发生大量的分红，可能说明企业缺乏明确的投资机会；正常情况下，企业会利用赚取的利润进行再生产，比如投资购买固定资产项目。

◆ 负债总计

如果企业年初负债较多，说明企业每股的利息负担较重，但如果企业仍然能有一个较好的盈利水平，说明企业产品的获利能力较佳，经营能力较强，管理者经营的风险意识较强。

除了上述这些项目之外，还有很多其他项目，需要结合资产负债表使用者的具体情况选择性分析，这里就不再多做介绍了。另外，关于报表项目的分析，不同的投资者可能分析的角度会存在不同，从而产生差异，这里仅是向投资者提供一个分析的角度，供投资者们思考。

（4）第四步，对其中的一些财务指标进行计算分析

除了查看具体的项目变化之外，还需要针对其中的一些财务指标进行计算分析，通过计算结果来分析企业的真实财务情况。资产负债表中的财务指标有很多，不同的指标具有不同的意义，投资者可以根据自己的分析方向来进行实际的选择计算。

至此，投资者阅读资产负债表就可告一段落了。通过从总体到具体，最后到衍生计算的阅读方式，可以帮助投资者更全面细致地了解资产负债表背后潜藏着的企业财务信息。

分析企业的财务结构合理与否

分析企业财务的结构是否合理主要借助指标来完成，大致包括三项指标，即净资产比率、固定资产净值率以及长期资本负债率。

（1）净资产比率

净资产比率实际上又称为股东权益比率，是股东权益与资产总额的比率，反映企业净资产在总资产中的占比情况。计算公式如下：

净资产比率 = 股东权益总额 ÷ 总资产 ×100%

净资产比率主要反映企业的资金实力和偿债能力，净资产比率的高低与企业资金实力成正比，净资产比率过高，则说明企业财务结构不尽合理，企业没有积极地通过财务杠杆效应来扩大经营规模。如果净资产比率过低，又表明企业过度负债，容易出现负债危机。

因此，净资产指标应该至 50% 左右，但是一些大型的企业，指标参数的标准可能会降低。

某公司 2015—2018 年的资产负债表股东权益合计和总资产变化见表 4-3。

表 4-3　股东权益合计和总资产变化情况

时　间	股东权益合计	总资产	净资产比率
2015 年 12 月 31 日	13.81 亿元	57.06 亿元	24.2%
2016 年 12 月 31 日	24.47 亿元	60.41 亿元	40.51%

续表

时　间	股东权益合计	总资产	净资产比率
2017 年 12 月 31 日	29.99 亿元	80.80 亿元	37.12%
2018 年 12 月 31 日	33.84 亿元	109.0 亿元	31.05%

从表 4-3 可以看到，该公司的净资产比率近年来大体上呈现出逐渐下跌的趋势，且净资产比率维持在 30% 左右，说明公司负债过重，公司的财务状况并不健康，可能会出现财务危机。

2019 年 12 月 31 日，根据该公司 2019 年度财务报告发现，股东权益合计为 −11.94 亿元，负债 90.35 亿元，总资产合计 78.41 亿元，负债大于总资产，此时公司陷入了资不抵债的境地，公司的股东权益也全部消失殆尽。

（2）固定资产净值率

固定资产净值率指固定资产原价扣除其累计折旧额后的余额与固定资产原值的比率，即固定资产折余价值对固定资产原价的比率。

固定资产净值率的计算公式如下：

固定资产净值率 = 固定资产净值 ÷ 固定资产原值 ×100%

固定资产净值率反映的是企业固定资产的新旧程度和生产能力，可以按每一项固定资产分别计算，也可以按某一类或全部固定资产分类或综合计算，以反映其平均新旧程度。

磨损率越大，则净值率越小；磨损率越小，则净值率越大。

净值率大而磨损率小，表明固定资产的技术状况较好，处于较新状态；反之，则表明固定资产较为陈旧，技术状况较差，有待维修和更新。

一般固定资产净值率应超过 75%，这样才说明企业的生产能力能得到有效保障。该指标对于工业企业生产能力的评价有着重要的意义。

（3）长期资本负债率

长期资本负债率，又称为长期负债股东权益比率，是从总体上判断企业债务状况的一个指标，它是长期负债与所有者权益和长期负债的合的比率。

长期资本负债率的计算公式如下：

长期资本负债率 = 长期负债 ÷（长期负债 + 所有者权益合计）×100%

长期资本负债率指标主要反映企业需要偿还的有息长期负债占整个长期营运资金的比重，指标值越小，表明企业负债的资本化程度低，长期偿债压力小；反之，则表明企业负债的资本化程度高，长期偿债压力大。

因此，该指标不宜过高，一般应在 20% 以下。

评估企业偿债能力的强弱

评估企业偿债能力的强弱需要从两个方面来进行分析，即企业的短期偿债能力和长期偿债能力。短期偿债能力主要是借助流动比率、速动比率等指标来完成；长期偿债能力则是通过资产负债率、利息保障倍数等指标实现。

（1）分析企业短期偿债能力的指标

分析企业短期偿债能力的指标主要有四个，即流动比率、速动比率、现金比率和营运资金。

◆ 流动比率

流动比率是流动资产对流动负债的比率，用来衡量企业流动资产在短期债务到期以前，可以变为现金用于偿还负债的能力。

流动比率的计算公式如下：

$$流动比率=流动资产\div流动负债\times100\%$$

结合公式可以看出，流动比率越高说明企业资产的变现能力越强，相应地，企业的短期偿债能力也越强。流动比率越低说明企业资产的变现能力越弱，相应地，企业的短期偿债能力也就越弱。

一般来看，该指标应保持在 2 ∶ 1 的水平。过高的流动比率说明企业的资金没有得到充分利用；而该比率过低，则说明企业短期偿债能力较弱，债务的偿还得不到有效保障。

◆ 速动比率

速动比率指企业速动资产与流动负债的比率，速动资产是企业的流动资产减去存货和预付费用后的余额，主要包括库存现金、银行存款、短期投资、应收票据和应收账款等项目。

速动比率的计算公式如下：

$$速动比率=速动资产\div流动负债\times100\%$$

$$速动资产=流动资产-存货$$

从上述公式中可以看出，速动比率反映的是企业流动资产中可以立即用于偿还流动负债的现金及现金等价物的偿债能力。当速动比率≥1时，企业被认为有足够的能力偿还短期负债。

◆ 现金比率

现金比率指现金类资产对流动负债的比率，该指标有以下两种表示方式。

①现金类资产仅指货币资金。

当现金类资产仅指货币资金时，现金比率的计算公式如下：

现金比率 = 货币资金 ÷ 流动负债 ×100%

②现金类资产包括货币资金和现金等价物。

当现金类资产除包括货币资金以外，还包括现金等价物时，即企业把持有的期限短、流动性强、易于转换为已知金额的现金和价值变动风险很小的投资视为现金等价物。此时，现金比率的计算公式表示如下：

现金比率 =（货币资金 + 现金等价物）÷ 流动负债 ×100%

现金比率可以直接准确地反映企业的偿付能力，现金比率越高，企业的偿付能力就越强。

◆ 营运资金

营运资金指流动资产减去流动负债后的差额，也称净营运资本，表示企业的流动资产在偿还全部流动负债后还有多少剩余。

营运资金计算公式如下：

营运资金 = 流动资产 − 流动负债

如果流动资产高于流动负债，表示企业具有一定的短期偿付能力。该指标越高，表示企业可用于偿还流动负债的资金越充足，企业的短期偿付能力越强，企业所面临的短期流动性风险越小，债权人权益的安全程度越高。因此，可将营运资本作为衡量企业短期偿债能力的绝对数指标。

（2）分析企业长期偿债能力的指标

企业长期偿债能力指企业偿还长期债务的能力。评估企业长期偿债能力的强弱是分析企业资金结构是否合理、稳定的关键，也是判断企业长期偿债能力大小的重要内容。分析长期偿债能力的主要指标有四个，即资产负债率、产权比率、带息负债比率和利息保障倍数。

◆ 资产负债率

资产负债率又称举债经营比率，它是用以衡量企业利用债权人提供的资金进行经营活动的能力。通过将企业的负债总额与资产总额相比较得出结果，反映在企业全部资产中负债比率的占比情况。

资产负债率的计算公式如下：

资产负债率 = 负债总额 ÷ 资产总额 ×100%

其中，负债总额指企业承担的各项负债的总和，包括流动负债和非流动负债；资产总额指企业拥有的各项资产的总和，包括流动资产和资产。

资产负债率是评估企业负债水平的重要指标，一般来说，资产负债率越小，说明企业的长期偿债能力就越强。但是，如果资产负债率过小，则说明企业对财务杠杆效应的利用不够。因此，资产负债率的适宜水平是40% ~ 60%。

◆ 产权比率

产权比率是在股份制企业中，负债总额与股东权益总额的比率，是评估资金结构合理性的一种指标。

产权比率的计算公式如下：

产权比率 = 负债总额 ÷ 股东权益 = 负债总额 ÷ 所有者权益

= 负债总额 ÷（资产总额 – 负债总额）

=1 ÷（资产总额 ÷ 负债总额 –1）

=1 ÷ (1 ÷ 资产负债率 –1）

= 资产负债率 ÷（1– 资产负债率）

其中，产权比率越低表明企业自有资本占总资产的比重越大，企业的长期偿债能力越强。

◆ 带息负债比率

带息负债比率指企业某一时点的带息负债总额与负债总额的比率，反映企业负债中带息负债的比重，在一定程度上体现了企业未来的偿债压力。

带息负债比率的相关计算公式如下：

带息负债比率 = 带息负债总额 ÷ 负债总额 ×100%

带息负债总额 = 短期借款 + 一年内到期的非流动负债 + 长期借款 + 应付债券 + 应付利息

通常情况下，该指标越低，表明企业的偿债压力越小。

◆ 利息保障倍数

利息保障倍数，又称已获利息倍数，是企业生产经营所获得的息税前利润与利息费用[①]之比。

利息保障倍数的计算公式如下：

利息保障倍数 = 息税前利润 ÷ 利息费用

息税前利润 = 利润总额 + 财务费用

息税前利润 = 净销售额 − 营业成本 − 费用

= 销售收入总额 − 变动成本总额 − 固定经营成本 − 期间费用

利息保障倍数指标反映的是企业经营利润是所需支付的债务利息的多少

① 利息费用：我国的会计实务中将利息费用计入财务费用，并不单独记录，所以作为合计信息的外部使用者通常得不到准确的利息费用数据，则分析人员通常用财务费用代替利息费用进行计算，所以存在误差。

倍。只要利息保障倍数大，企业就有充足的能力支付利息；但是如果利息保障倍数小，企业利息的支付就比较困难。

因此可以看出，利息保障倍数不仅反映了企业获利能力的大小，也反映了获利能力对偿还到期债务的保障程度，是衡量企业长期偿债能力大小的重要指标。

想要维持一个正常的偿债能力水平，利息保障倍数应该大于 1，同时比值越高，说明该企业的长期偿债能力就越强。

相对地，如果利息保障倍数过低，那么则说明企业可能存在偿债危机，面临亏损，企业财务安全性下降。

从投资角度看所有者权益

所有者权益对投资者来说是非常重要的一个指标，因为这直接关系到了投资者的利益。一个所有者权益占比越重的企业，说明企业资产中投资者投资形成的资产越多，债权人利益的保障性也越高。

投资者首先应查看的是企业股本变化情况，股本增加有以下四种原因。

①增加发行股份，如增发、配股等。

②可转换债权实施转股。

③发放股票股利。

④企业并购而发行股票。

股本减少通常有两个原因：弥补亏损而减资或者缩小经营规模而减

资。所有者权益是投资者对企业自有净资产的所有权，是企业维护投资人权益的保证。从投资的角度来看，所有者权益的规模和所有者权益占比越大越好。

其次，投资者还应当观察实收资本的结构组成情况，查看企业的资本结构是否合理。

最后，投资者可以比较资本与负债，观察企业财务结构的稳定性。

另外，在所有者权益中还有一些需要投资者重点查看的关键指标，具体如下。

◆ 实收资本收益率

实收资本收益率又称实收资本利润率，是企业净利润与实收资本的比率，反映所有者投入企业的资本的获利能力。

实收资本收益率的计算公式如下：

实收资本收益率 = 净利润 ÷ 实收资本 ×100%

实收资本收益率越高，说明企业实际投入资本的获利能力越强；实收资本收益率越低，说明企业实际投入资本的获利能力越弱。

◆ 净资产收益率

净资产收益率，又称股东权益报酬率、净值报酬率、权益报酬率、权益利润率或净资产利润率，它是净利润与平均净资产（或股东权益）的百分比。

净资产收益率的相关计算公式如下：

净资产收益率 = 净利润 ÷ 净资产 ×100%

净利润 = 税后利润

净资产 = 所有者权益 + 少数股东权益

净资产收益率反映的是股东权益的收益水平，从而评估公司运用自有资本的效率。净资产收益率指标值越高，说明投资带来的收益越高。

◆ 股东权益比率

股东权益比率，又称自有资本比率或净资产比率，它是股东权益与资产总额的比率。相关指标分析和计算方式参照前面小节介绍的“净资产比率”即可。

根据资产负债表来选择企业债券

投资者投资企业债券之前要了解什么是企业债券。企业债券指我国境内具有法人资格的企业，依照法定程序发行，约定在一定期限内还本付息的有价证券。

企业债券相较于股票、基金来说，风险更小，更适合稳健型的投资者，因而受到广泛投资者的追捧。

在选择企业债券时，除了查看债券的收益率之外，更为重要的是查看企业的信用评价。信用评级越高，投资者的投资风险就越低；反之，信用评级越低，投资者的投资风险就越高。

债券信用评级是以企业或经济主体发行的有价债券为对象进行的信用评级。债券信用评级大多是企业债券信用评级，是对具有独立法人资格的企业所发行的某一特定债券的按期还本付息的可靠程度进行评估，并标示其信用程度的等级。

债券信用评级的主要内容包括以下几个方面。

- 分析债券发行企业的偿债能力。
- 考察发行企业是否能够按期付息。
- 查看发行企业的财务健康状况。
- 评估投资者承担风险的程度。

债券信用等级通常分为九个级别，具体分类如下。

① AAA 级是最高等级，表示安全度最高、风险最小。

② AA 级表示安全度相当高，风险较小，能保证偿付本息。

③ A 级表示安全度在平均水平之上，有一定能力保证还本付息。

④ BBB 级表示安全度处于平均水平，目前状况较安全，但从长期来看，缺少一些保护性因素。

⑤ BB 级表示将来可能会出现一些影响还本付息的不利因素。

⑥ B 级表示收益率极低，将来的投资安全性无保障。

⑦ CCC 级表示债务过多，有可能不履行偿债义务。

⑧ CC 级表示有高度投机色彩，经常不支付或延付利息。

⑨ C 级是最低级，表示前途无望，根本不能还本付息。

某公司 2018 年 3 月发行了企业债，个债信息如图 4-3 所示（数据节选自发债公司真实年报数据）。

从个债信息中我们可以看到，该企业债的信用级别为最高的 AAA 级，说明该企业债券信用良好，投资者的投资风险较低。

为了进一步验证该企业债券的投资风险，我们可以查看该企业债发行公司的资产负债表，见表 4-4。

项目	详细资料
公司名称	[redacted]
债券代码	[redacted]
代码简称	[redacted]
发布时间	2018-03-27
上市日	2018-03-30
发行额(亿元)	5.0000
面额(元)	100.00
发行价(元)	100.00
期限(年)	7
年利率(%)	7.5
调整后年利率	0.00000000
计息日	3.27
到期日	2025-03-26
兑付价(元)	0.0000
发行起始日	2018-03-27
发行截止日	2018-03-28
认购对象	
债券价值	0.00
上市地	银行间
信用级别	AAA
发行单位	[redacted]
还本付息方式	年付
发行担保人	

图 4-3　个债信息

表 4-4　资产负债表

单位：万元

项　　目	2019 年 12 月 31 日	2018 年 12 月 31 日
流动资产：		
货币资金	77 013.37	107 475.77
结算备付金		
拆出资金		
交易性金融资产		

续表

项　　目	2019 年 12 月 31 日	2018 年 12 月 31 日
以公允价值计量且变动计入当期损益的金融资产		
衍生金融资产		
应收票据	612.20	712.66
应收账款	51 385.62	64 839.21
应收款项融资		
预付款项	177 984.48	90 747.51
应收保费		
应收分保账款		
应收分保合同准备金		
其他应收款	365 226.11	248 100.20
其中：应收利息		
应收股利		
买入返售金融资产		
存货	2 914 706.01	2 865 121.01
合同资产		
持有待售资产		
一年内到期的非流动资产		
其他流动资产	7 601.34	4 103.57
流动资产合计	3 594 529.13	3 381 099.93

续表

项　目	2019年12月31日	2018年12月31日
非流动资产：		
发放贷款和垫款		
债权投资		
可供出售金融资产	92 651.00	63 840.78
其他债权投资		
持有至到期投资		
长期应收款	361 547.81	141 300.53
长期股权投资	5 419.47	7 343.26
其他权益工具投资		
其他非流动金融资产		
投资性房地产	129 011.67	48 867.13
固定资产	106 501.53	109 590.43
在建工程	535 212.10	432 204.37
生产性生物资产	13.44	15.52
油气资产		
使用权资产		
无形资产	1 496.02	1 263.69
开发支出		
商誉	394.92	394.92
长期待摊费用	1 169.54	1 779.06

续表

项　　目	2019 年 12 月 31 日	2018 年 12 月 31 日
递延所得税资产	1 527.04	1 425.98
其他非流动资产	144 237.22	144 314.02
非流动资产合计	1 379 181.77	952 339.69
资产总计	4 973 710.90	4 333 439.62
流动负债：		
短期借款	217 886.00	6 200.00
向中央银行借款		
拆入资金		
交易性金融负债		
以公允价值计量且其变动计入当期损益的金融负债		
衍生金融负债	491.61	
应付票据	93 023.77	69 950.98
应付账款	176 512.51	211 982.55
预收款项		
合同负责		
卖出回购金融资产款		
吸收存款及同业存放		
代理买卖证券款		
代理承销证券款		
应付职工薪酬	440.48	385.96

续表

项　　目	2019 年 12 月 31 日	2018 年 12 月 31 日
应交税费	55 531.45	37 212.51
其他应付款	264 601.54	124 643.22
其中：应付利息	37 664.63	26 348.21
应付股利	601.56	601.56
应付手续费及佣金		
应付分保账款		
持有待售负债		
一年内到期的非流动负债	196 260.12	197 581.55
其他流动负债	50 000.00	
流动负债合计	1 054 747.48	647 956.78
非流动负债：		
保险合同准备金		
长期借款	255 521.65	257 039.33
应付债券	1 002 139.59	755 248.09
其中：优先股		
永续债		
租赁负债		
长期应付款	304 739.95	307 450.37
长期应付职工薪酬		
预计负债		
递延收益	657.83	657.83

续表

项　目	2019 年 12 月 31 日	2018 年 12 月 31 日
递延所得税负债		
其他非流动负债		
非流动负债合计	1 563 059.01	1 320 395.62
负债合计	2 617 806.49	1 968 352.40
所有者权益（股东权益）：		
实收资本（或股本）	200 000.00	200 000.00
其他权益工具		
其中：优先股		
永续债		
资本公积	1 652 201.09	1 624 191.09
减：库存股		
其他综合收益		
专项储备	69.89	65.28
盈余公积	19 640.44	18 197.93
一般风险准备		
未分配利润	253 376.08	230 720.21
归属于母公司所有者权益（或股东权益）合计	2 125 287.50	2 073 174.51
少数股东权益	230 616.92	291 912.71
所有者权益（或股东权益）合计	2 355 904.41	2 365 087.22
负债和所有者权益（或股东权益）总计	4 973 710.90	4 333 439.62

得到资产负债表数据之后，首先从整体的角度来观察资产负债表的结构和变化情况。

从表 4-4 可以看到，2018—2019 年该企业的资产、负债及股东权益的总额及其内部各项目的构成和增减变化情况。其中，虽然企业的总资产明显提高，但所有者权益有所降低，说明企业总资产的增加主要原因来自负债大规模的上涨，进而说明企业所有者的资金实力可能有所降低。

随后进一步查看表格项目，发现在货币资金和应收账款明显降低的情况下，流动资产合计增加。这是因为企业存货和预付账款出现明显提升，说明企业的业务经营情况有所放缓。

另外，企业的流动负债明显增加，其中最为突出的是短期借款出现大幅增加，说明企业举债增多，可能存在一定的财务风险。

最后，还需要对其中一些指标做计算分析。

①查看该公司的财务结构是否合理，计算该公司 2019 年的净资产比率。

$$净资产比率 =2\ 355\ 904.41 \div 4\ 973\ 710.90 \times 100\% \approx 47.37\%$$

可以看出，净资产比率为 47.37%，接近 50%，属于一个比较合理的比率范围，说明该公司的财务结构比较合理。

②查看该公司 2019 年的偿债能力。

$$流动比率 =3\ 594\ 529.13 \div 1\ 054\ 747.48 \times 100\% \approx 3.41$$

从流动比率来看，该公司的变现能力强，公司短期偿债能力强。

$$速动比率 =（3\ 594\ 529.13-2\ 914\ 706.01）\div 1\ 054\ 747.48 \times 100\% \approx 64.45\%$$

从速动比率来看，公司可以立即偿还流动负债的能力并不强。

$$现金比率 =77\ 013.37 \div 1\ 054\ 747.48 \approx 7.30\%$$

$$产权比率 =2\ 617\ 806.49 \div 2\ 355\ 904.41 \approx 1.11$$

从产权比率的值来看，公司资产结构比较合适，说明公司股东的资本足够偿还债务人提供的资本，对债务人来说是安全的投资。

带息负债比率 =（217 886.00+255 521.65+1 002 139.59+37 664.63+196 260.12）÷ 2 617 806.49 × 100%=65.30%

根据上述分析结果来看，该企业整体财务呈现出比较良好的状况，虽然有大量的负债增加，但是企业自身的偿债能力比较强，债务也在企业的承受范围内，所以该企业的信用评级较高，投资者可以放心投资。

债券的投资成本估算

在购买任何一件物品时都需要考虑成本，债券投资亦是如此。债券的成本大致可分为三个部分，分别是购买成本、交易成本和税收成本。

◆ 购买成本

债券的购买成本，即购买债券数量与债券发行价格的乘积。若债券经过多次流通交易，就乘以转让价格。其中，对于附息债券来说，它的发行价格是发行人根据预期收益率计算出来的。

而对于贴息债券，其成本的计算方式则不同，如下：

成本 = 票面金额 ×（1− 年贴现率）× 100%

例如，某一债券的面额为 1 000.00 元，年贴现率为 8%，期限为一年，计算该债券的购买成本。

1 000.00 ×（1−8%）=920.00（元）× 100%

◆ 交易成本

债券发行经过一段时间，就会进入二级市场流通转让，在交易所进行交易，此时如果进行购买，就需要给证券经纪人一笔佣金。不过，投资人通过证券商认购交易所挂牌的国债可以免收佣金。

对于佣金的收费标准，一般每一手债券（10股为一手）在价格上每上升0.01元时，对应的起价佣金为5元，但是最高不超过成交金额的2%。经纪人为投资人办理具体手续时，又会收取成交手续费，其中有签证手续费和过户手续费用等。

每一笔买卖成交后，交易所会向买卖双方收取交易额3%的成交手续费。签证手续费是买卖双方达成了口头交易之后，到债券柜台办理真假鉴别业务需支付的费用。

最后，如果买方购买的是记名债券，在交割时还需要缴纳购买总额2%的过户手续费用。

◆ 税收成本

投资人还有一个需要考虑的是税收成本，虽然国债、地方政府债券和金融债券是免税的，债券交易也免去了股票交易涉及的印花税，但是投资人在投资企业债券时，需要缴纳投资收益额20%的个人收益调节税。一般这笔税款是由证券交易所在每笔交易最终完成时，从清算资金账户中直接代为扣除。

债券收益率计算，债券投资你能得到多少钱

通过企业的资产负债表情况选择债券投资之后，投资者最关心的就是收

益率了，也就是投资者可以通过债券获得多少收益。那么在债券投资中，投资者的收益率应该怎么去计算呢？

债券收益率是债券收益与其投入本金的比率，通常用年利率来表示。债券收益不同于债券利息，债券利息指的是债券票面利率与债券面值的乘积。但是由于投资者在债券持有的期间内还可以在二级市场进行买卖，赚取差价，所以债券投资的收益除了利息之外，还包括买卖盈亏的差价。

影响债券收益率的因素主要有债券票面利息、期限、面值和购买价格，所以债券的收益率计算公式如下：

债券收益率 =（到期本息 − 发行价格）÷（发行价格 × 偿还期限）×100%

因为债券持有人可以在债务偿还期内转让债券，所以债券的收益率还可以分为债券出售者的收益率、债券购买者的收益率以及债券持有期间的收益率。他们各自的计算公式如下：

债券出售者的收益率 =（卖出价格 − 发行价格 + 持有期间的利息）÷（发行价格 × 持有年限）×100%

债券购买者的收益率 =（到期本息和 − 买入价格）÷（买入价格 × 剩余期限）×100%

债券持有期间的收益率 =（卖出价格 − 买入价格 + 持有期间的利息）÷（买入价格 × 持有年限）×100%

例如，某投资人于 2015 年 8 月 1 日以 102.00 元的价格购买了一张面值为 100.00 元、利率为 10%、每年 8 月 1 日支付一次利息的国库券，该债券于 2010 年发行，期限为 10 年，持有到 2020 年 8 月 1 日到期，收益计算如下：

债券购买者收益率 =（100.00+100.00×10%−102.00）÷（102.00×5）×100%=1.57%

债券出售者的收益率 =（102.00−100.00+100.00 × 10% × 5）÷（100.00 × 5）× 100%=10.4%

再例如，投资人于 2015 年 1 月 1 日以 120.00 元的价格购买了面值为 100.00 元，利率为 10%，每年 1 月 1 日支付一次利息国库券，该债券于 2012 年发行，期限为 10 年，持有到 2020 年 1 月 1 日以 140.00 元的价格卖出。

债券持有期间的收益率 =（140.00−120.00+100.00 × 10% × 5）÷（120.00 × 5）× 100%=11.67%

以上收益率计算是没有考虑将获得的利息进行再投资的情况。把所获得的利息计入投资额，从而计算出来的收益即为复利收益。

对于投资者来说，只需要了解收益的计算方式，明白投资收益怎么形成的即可，没有必要精于计算每只债券的到期收益，因为现在很多的财经网站上都可以直接查询到投资收益额，非常快捷方便，如和讯网。

进入和讯网首页（http://www.hexun.com/），在页面上方单击“债券”超链接，如图 4-4 所示。

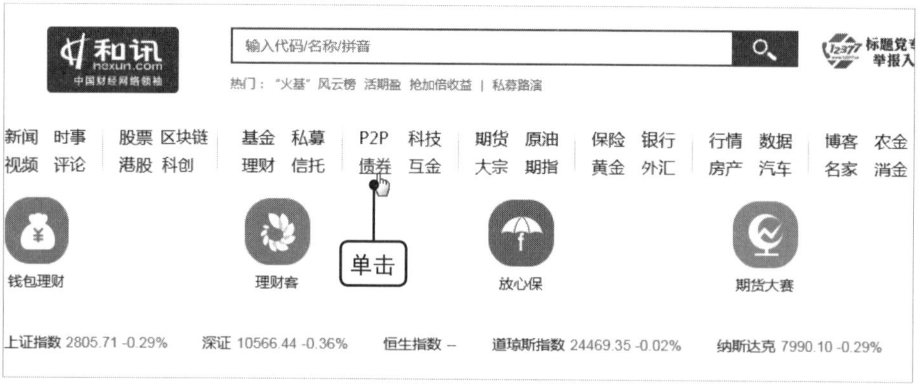

图 4-4　进入债券页面

进入和讯网债券页面，在页面右上方单击“收益率计算”，如图 4-5 所示。

图 4-5　单击“收益率计算”超链接

页面跳转至债券收益率计算器页面，在债券收益率计算的栏目中，根据页面提示在对应的文本框中输入债券面值、买入价格、到期时间和票面年利率，然后单击“开始计算”按钮，接着就能够在页面下方查询到计算结果，如图 4-6 所示。

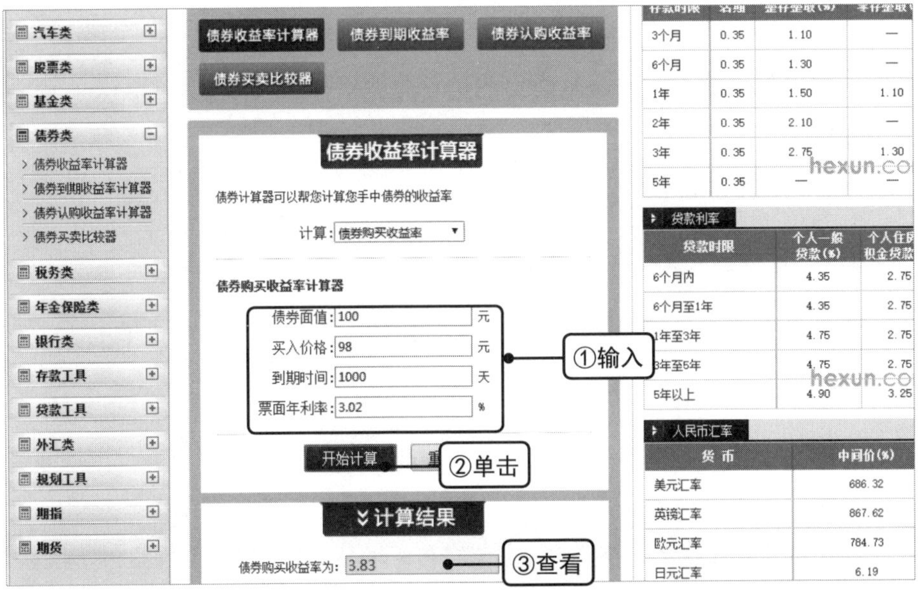

图 4-6　计算债券收益率

债券的面值≠债券发行价

根据前面的收益计算可以看到，债券的面值与发行价不同，可能面值100.00元的债券，投资者98.00元就能买到，也可能需要102.00元才能买到。所以，投资者做债券投资之前要明确债券的面值与发行价之间的区别。

债券面值指债券的票面价值，代表发行人承诺于未来某一特定日期偿付给债券持有人的金额。债券的票面利率指债券发行者预计向投资者支付的利息占票面金额的比率。

债券发行价指债券发行时的价格。理论上，债券的面值就是它的价格，但实际上，由于发行者的种种考虑或资金市场上供求关系、利息率的变化，使得债券发生溢价或折价，有时高于面值，有时低于面值。

也就是说，债券的面值是固定的，它的价格却是经常变化的。发行者计息还本，是以债券的面值为依据，而不是以其价格为依据。债券价格主要分为发行价格和交易价格。

影响债券发行价格的主要因素有四点。

受到债券票面价值的影响。债券发行价格的高低很大程度上取决于债券面值的大小。

受到债券利率的影响。票面利率可分为固定利率和浮动利率两种，通常企业根据自身资信情况、承受能力、利率变化趋势和债券期限的长短等，决定选择何种利率形式与利率的大小。债券利率越高，债券的发行价格也就越高。

受到市场利率的影响。它是衡量债券票面利率高低的参照系，也是决定债券价格按面值发行还是溢价或折价发行的决定因素。

受到债券期限的影响。债券期限越长，债权人的风险越大，其所要求的利息报酬就越高，发行价格可能就越低。

按照付息方式划分债券

除了成本和收益之外，在债券投资中还需要了解债券的类型，主要是不同付息方式下的债券类型，这直接关系投资者的投资收益。

债券按付息方式分类，可分为零息债券、贴现债券、附息债券、固定利率债券和浮动利率债券 。

- 零息债券：指债券到期时一次性付本利，也可称为一次性还本付息债券。付息特点是无须支付利息或支付很少的利息。
- 贴现债券：指债券券面上不附有息票，发行时按规定的折扣率，以低于债券面值的价格发行，到期按面值支付本息的债券。贴现债券没有票面利率，发行价格与其面值的差额即为债券的利息。
- 附息债券：指债券券面上附有息票的债券，是按照债券票面载明的利率及支付方式支付利息的债券。息票上标有利息额、支付利息的期限和债券号码等内容。持有人可从债券上剪下息票，并据此领取利息。附息债券的利息支付方式一般是在偿还期内按期付息，如每半年或一年付息一次。
- 固定利率债券：就是在偿还期内利率固定的债券。
- 浮动利率债券：指利率可以变动和调整的债券。这种债券的利率确定与市场利率挂钩，一般高于市场利率的一定百分点。

第5章

根据企业的利润情况确定投资价值

对投资者来说，企业利润表往往是他们最关心的财务报表，因为企业的利润直接决定了他们的投资收益高低。因此，投资者除了需要学会基本的利润表查看操作，还要懂得对利润表进行分析，判断企业的效益情况是否具有投资价值。

利润表结构解读

企业利润表是反映企业在一定会计期间经营成果的财务报表，属于三大财务报表之一，非常重要。投资者通过企业利润表，可以分析企业的获利能力以及盈利增长趋势，从而做出投资与否的决策。在分析利润表之前，我们对利润表的结构组成做一个基本了解。

利润表由三个部分组成，即表首、基本部分和补充资料。

◆ 表首部分

表首部分主要是填制报表名称、编制单位、计量单位、报表编号以及报表编制的期间。需要引起重视的是，因为利润表是反映企业某一期间经营损益的动态报表，所以编制的日期要重点查看，如“某年某月”或“某个会计年度”。

◆ 基本部分

基本部分是利润表的主体部分，其中列示了具体的项目，主要反映了企业的收入、成本、费用和利润各项目的具体内容，以及相互之间的关系，从而说明企业的经营状况。

通常利润表包括以下七个项目。

①**营业收入。**营业收入是企业从事主营业务和其他业务所取得的收入总和，也是企业产生经营活动现金流量的来源，是评价该企业的市场竞争能力与盈利能力的主要指标之一。营业收入的计算公式如下：

营业收入 = 主营业务收入 + 其他业务收入

②营业成本。营业成本指企业销售商品或提供劳务发生的成本，是分析产品毛利润的关键。营业成本应该与所销售商品或提供劳务而取得的收入形成配比关系，产生获利空间。

③营业利润。营业利润反映的是企业经营的各种业务形成的利润金额，企业的经营能力和盈利能力主要通过营业利润来体现，其计算公式如下：

营业利润 = 营业总收入 − 营业总成本 + 其他收益

= 营业收入 − 营业成本 − 税金及附加 − 销售费用 −

管理费用 − 财务费用 − 资产减值损失 ±

公允价值变动收益（损失）± 投资收益（损失）等

④利润总额。利润总额指的是企业的税前利润，其计算公式如下：

利润总额 = 营业利润 + 营业外收入 − 营业外支出

⑤净利润。净利润反映的是企业最终的经营成果，其计算公式如下：

净利润 = 利润总额 − 所得税费用

⑥其他综合收益。其他综合收益指企业根据企业会计准则规定未在当期损益中确认的各项利得和损失扣除所得税影响后的净额，即所有者权益的利得和损失。包括：可供出售金融资产公允价值变动、持有至到期投资重分类为可供出售金融资产、权益法下被投资单位其他所有者权益变动、金融资产重新分类、套期保值等各情况所形成的利得和损失等。

⑦综合收益总额。综合收益总额反映企业净利润与其他综合收益的合计金额。

◆ 补充资料部分

补充资料部分主要列示了那些影响本期财报金额或企业未来经营活动，

以及能够帮助投资者分析了解企业经营情况，但在本期利润表中不便展示，而通过报表补充资料的形式进行列示的事项。

掌握利润表的分析方法

利润表的查看分析与资产负债表类似，也需要通过由总到分的方式进行查看，首先从整体上分析企业当期的利润总额情况，再具体就利润率进行细致分析。

（1）整体上把握利润表

整体上把握利润表，即投资者在得到利润表之后，要对利润表中的数据进行整体查看，判断该企业的利润结构是否合理。此时，我们可以将利润表中的项目按照净影响利润的增加和减少来进行分类，如图 5-1 所示。

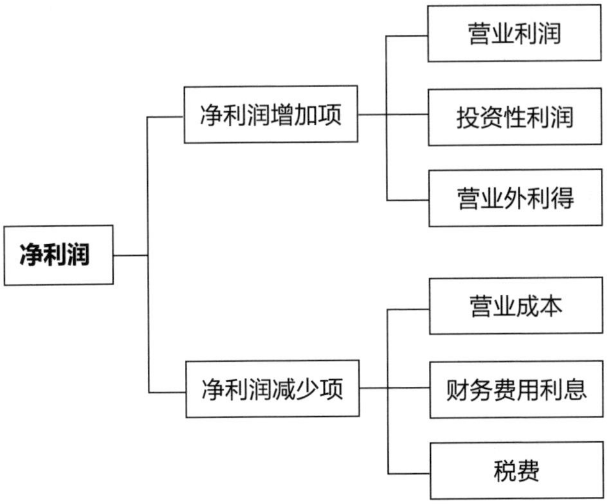

图 5-1　利润表项目分类

从图 5-1 可以看到，利润表中的净利润由营业利润、投资性利润和营业外利润三部分组成。

按照对企业经营的重要程度来划分，依次是营业利润、投资性利润和营业外利润，它们的计算公式如下所示。

主营业务利润 = 主营业务收入 − 主营业务成本 − 税金及附加

营业利润 = 主营业务利润 + 其他业务收入 − 其他业务成本 − 销售费用 − 管理费用 − 财务费用

投资性利润 = 公允价值变动损益 + 投资收益

营业外利润 = 营业外收入 − 营业外支出

投资者需要分别计算营业利润、投资性利润和营业外利润在净利润中的比重，判断该企业的利润结构是否合理。正常情况下，营业利润的占比是最大的。如果企业的投资性收益或营业外利润占比最大，则说明企业经营状况不正常。

如果投资性利润占比最大，那么可能该企业是以投资业务为主的企业，或者该企业通过投资性业务来调节利润。如果营业外利润占比最大，可能也是企业在调节利润。

（2）具体项目细致查看

整体上对利润表有了一定了解之后，还需要对利润表中的一些具体项目进行细致查看，主要分析的是各项利润的增减变动、结构变化及影响利润的收入与成本的情况。

通过这些分析，能够揭示企业存在的很多问题。利润表的主要项目见表 5-1。

表 5-1　利润表项目查看

项　　目	内　　容
主营业务利润	将主营业务利润与上期比较，分析企业的经营情况是否存在异常；计算本期重要产品的毛利率，与上期比较是否存在异常，各期之间是否存在重大波动
主营业务成本	将主营业务成本与上期比较，分析企业的成本控制工作是否存在异常或困难
税金及附加	反映企业经营业务应负担的城镇土地使用税、消费税、资源税、房产税、印花税、车船税和资源税等，另外还有城市维护建设税和教育费附加等属于附加税费，这些应交税费直接与营业收入有关，按法定比例计算缴纳
销售费用	企业在销售产品或提供劳务过程中发生的各项费用,包括由企业负担的包装费、运输装卸费、展览广告费、租赁费（不包括融资租赁费）及为销售产品而专设的销售机构费用，包括职工工资、福利费、差旅费、办公费、折旧、修理费和其他经费。通常情况下，销售费用的增减与营业收入的增减是相对应关系，可由此检测销售成效
管理费用	企业行政管理部门为组织和管理生产经营活动而发生的各种费用，包括企业统一负担的公司经费、工会经费、社保、董事会会费、聘请中介机构费、咨询诉讼费、业务招待费、办公费、折旧、存货跌价准备、坏账计提准备、土地绿化费和行政人员费用等，管理费用是企业保持经营运转的基础保障
财务费用	企业发生的各类财务费用，虽是为取得营业收入而发生，但与营业收入的实现没有明显因果关系，不宜计入生产经营成本。包括利息支出、汇兑损失、银行手续费等
资产减值损失	资产的可收回金额低于其账面价值的金额，包括：对联营企业或合营企业的长期股权投资、采用成本模式进行后续计量的投资性房地产、固定资产、生产性生物资产、无形资产、商誉和探明石油天然气矿区权益等资产的减值损失
公允价值变动损益	企业的投资性房地产、债务重组、非货币性交换、交易性金融资产等公允价值变动形成的应计入当期损益的利得或损失，即公允价值与账面价值之间的差额
投资收益	企业对外投资获得的收入发生的损失为负数，如企业对外投资的股利、债券利息收入及与其他单位联营获取的利润等，包括企业处置交易性金融资产、交易性金融负债、可供出售金融资产等实现的损益

续表

项　　目	内　　容
营业外收入	与企业经营业务无直接关系的收入，包括：非货币性资产交换利得、出售无形资产收益、债务重组利得、企业合并损益、盘盈利得、教育费附加返还款、罚款收入和捐赠所得等。营业外收入并非由企业经营资金耗费而产生，可视作纯收入，可不与有关成本费用进行配比
营业外支出	与企业经营业务无直接关系的支出，与营业外收入相对应。企业正常经营时，通常营业外收支不会太多，一旦发生营业外支出过多的情况都应有具体原因，如账户出现激增，就要注意有无人为调节利润的痕迹

从盈利能力查看投资潜力

盈利能力实质上指的是企业获取利润的能力，企业的盈利能力强，说明企业具有较好的发展动力，能够为投资者带来丰厚的回报。所以，投资者投资之前需要对企业的盈利能力进行评估。

根据企业净利润增加项目的不同，企业的获利能力也分为三类，即业务盈利能力、资产盈利能力和市场盈利能力。

（1）业务盈利能力

业务盈利能力指企业在日常经营活动中创造利润的能力，所以评估企业业务盈利能力的指标包括主营业务利润率、营业毛利率、营业利润率和营业净利率等。

◆ 主营业务利润率

主营业务利润是企业净利润的主要来源，因此主营业务利润率可以帮助投资者初步地了解企业的盈利能力。主营业务利润率指企业一定时期主营业务利润同主营业务收入净额的比率，它表明企业每单位主营业务收入能带来多少主营业务利润，反映了企业主营业务的获利能力，是评价企业经营效益的主要指标。

主营业务利润的计算公式如下：

主营业务利润率 =（主营业务收入 − 主营业务成本 − 税金及附加）÷ 主营业务收入 ×100%。

主营业务利润率的指标说明包括以下三点。

①主营业务利润率体现了企业主营业务利润在企业总的主营业务收入中的占比情况，可以看出主营业务对企业的重要程度。主营业务利润率越高，说明企业盈利结构安全性越强。

②主营业务利润率是企业经营活动的基础盈利能力，也是所有盈利能力的根本。

③主营业务利润率越高，说明企业盈利能力越强，产品附加值高，营销策略得当，主营业务市场竞争力强，发展潜力大，获利水平高。因为不同的行业其成本费用所占的合理比例区间有所不同，所以具体的主营业务利润率指标没有统一的要求。

◆ 营业毛利率

营业毛利率反映的是企业每一元营业收入中含有多少毛利额，它也是净利润的基础。营业毛利率可以分析企业的盈利能力，其计算公式如下：

营业毛利率 = 营业毛利 ÷ 营业收入 ×100%

=（营业收入 − 营业成本）÷ 营业收入 ×100%

营业毛利率越高，说明企业经营状况越好，企业的发展潜力越大，盈利水平越高，企业产品的竞争力越强或企业成本控制能力强。但是需要注意，如果毛利率太高，违背市场平均水平，可能存在财务造假。

◆ 营业利润率

营业利润率考察了企业经营业务的所有收入和成本费用，考察全面，比较综合地反映了企业的盈利能力。营业利润率越高，说明企业商品销售额贡献的利润就越多，企业的盈利能力也就越强。

营业利润率的计算公式如下：

营业利润率 = 营业利润 ÷ 营业收入 ×100%

◆ 营业净利率

营业净利率指净利润与营业收入的比率，它反映企业营业收入创造净利润的能力。营业净利率是企业销售活动的最终获利能力指标，比率越高，说明企业的获利能力越强。它包含了非经营性损益和所得税对利润的影响。

营业净利率的计算公式如下：

营业净利率 = 净利润 ÷ 营业收入 ×100%

（2）资产盈利能力

资产盈利能力指企业用投资者投入的资金创造收益的能力。根据企业资产与收益构造的资产获利能力指标有总资产报酬率和净资产报酬率等。

◆ 总资产报酬率

总资产报酬率又称为资产所得率，它指企业在一定时期内获得的报酬总额与资产平均总额的比率。

总资产报酬率表示企业包括净资产和负债在内的全部资产的总体获利能力，用来评价企业运用全部资产来获利的能力，是评价企业资产运营效益的重要指标。

总资产报酬率的计算公式如下：

总资产报酬率 = 息税前利润 ÷ 资产平均总额 ×100%

总资产报酬率表示企业全部资产获取收益的水平，全面反映了企业的获利能力和投入产出状况。该指标越高，表明企业投入产出的水平越高，企业的资产运营越有效。

◆ 净资产报酬率

净资产报酬率又称净资产收益率、所有者（股东）权益报酬率、股本报酬率或净值报酬率，是企业一定时期内净利率与平均净资产（所有者权益）的比率，该指标反映了企业所有者所获投资报酬的大小。

净资产报酬率的相关计算公式如下：

净资产报酬率 = 净利润 ÷ 净资产平均总额 ×100%

净资产平均总额 =（期初净资产总额 + 期末净资产总额）÷2

这一指标反映了企业净资产获取收益的能力，净资产收益率越高，企业自有资本获取收益的能力越强，运营效益越好，对企业投资人、债权人利益的保证程度越高。

◆ 资本收益率

资本收益率是企业一定时期净利润与平均资本（即资本性投入及其资本溢价之和）的比率，反映企业实际获得投资回报的水平。

资本收益率的相关计算公式如下：

资本收益率 = 净利润 ÷ 平均资本 ×100%

平均资本 =（实收资本年初数 + 资本公积年初数 +
实收资本年末数 + 资本公积年末数）÷2

（3）市场盈利能力

市场盈利能力指企业投资者在资本市场上的投资创造利润的能力。根据金融市场投资与其收益构造的市场获利能力指标有每股收益、每股股利、每股净资产和市盈率等。

◆ 每股收益

每股收益也称为每股盈余或每股利润，是企业股东每持有一股权益所能获得的利润或承担的亏损，其计算公式如下：

每股收益 = 净利润 ÷ 当期实际发行在外的普通股股数的加权平均数

当期发行在外普通股股数的加权平均数 = 期初发行在外普通股股数 + 当期新发行普通股股数 × 已发行时间 ÷ 报告期时间 − 当期回购普通股股数 × 已回购时间 ÷ 报告期时间（已发行时间、报告期时间和已回购时间一般按天数计算，在不影响计算结果的前提下，也可以按月份简化计算）

每股收益是反映企业普通股股东持有每一股份所能享有企业利润或承担企业亏损的业绩评价指标。每股收益越高，表明企业的获利能力越强，股东获取收益越高。

◆ 每股股利

每股股利是上市公司本年发放的普通股现金股利总额与年末普通股总股数的比值，反映上市公司当期利润的积累和分配情况，其计算公式如下：

每股股利 = 普通股现金股利总额 ÷ 年末发行在外的普通股总股数

每股股利是反映股份公司每一普通股获得股利多少的一个指标，指标值越大，表明获利能力越强。

影响每股股利多少的因素主要是企业股利发放政策与利润分配政策。如果企业为扩大再生产、增强企业后劲而多留利，每股股利就少，反之则多。

◆ 每股净资产

每股净资产是上市公司年末净资产（即股东权益）与年末普通股总数的比值，其计算公式如下：

每股净资产 = 年末股东权益 ÷ 年末发行在外普通股总股数

每股净资产越高，股东拥有的每股资产价值越多；每股净资产越少，股东拥有的每股资产价值越少。所以每股净资产越高越好。

◆ 市盈率

市盈率，是上市公司普通股每股市价相当于每股收益的倍数，反映投资者对上市公司每股净利润愿意支付的价格，可以用来估计股票的投资报酬和风险。市盈率的计算公式如下：

市盈率 = 普通股每股市价 ÷ 普通股每股收益

一般来说，市盈率高，说明投资者对该公司的发展前景看好，愿意出较高的价格购买该公司股票。但是某种股票的市盈率过高，也意味着这种股票具有较高的投资风险。

结合资产负债表来分析企业营运能力

除了单一地查看利润表分析企业的盈利能力之外，还可以将利润表与资产负债表结合起来对企业的营运能力进行综合。具体，就是通过一些财务指标来实现。

◆ 资产周转率

资产周转率是考察企业资产运营效率的重要指标，它体现了企业经营期间全部资产从投入到产出的流转速度，反映企业全部资产的管理质量和利用效率。

资产周转率的计算公式如下：

资产周转率＝周转额 ÷ 资产

＝总营业额 ÷ 总资产值

＝本期销售收入净额 ÷ 本期资产总额平均余额

本期资产总额平均余额＝（资产总额期初余额＋资产总额期末余额）÷2

一般情况下，资产周转率数值越高，表明了企业总资产周转速度越快，经营能力就越强，资产利用效率就越高。

◆ 应收账款周转率

应收账款周转率是企业在一定时期内赊销净收入与平均应收账款余额之比，它是衡量企业应收账款周转速度及管理效率的指标。其计算公式如下：

应收账款周转率＝赊销收入净额 ÷ 应收账款平均余额 ×100%

一般情况下，应收账款周转率越高越好。如果周转率高，则表明企业的赊账越少，收账就迅速，账龄相对较短，资产流动性强，短期偿债能力强，可以减少坏账损失。

◆ 存货周转率

存货周转率是企业一定时期营业成本与存货平均余额的比率，主要用于反映存货的周转速度，即存货的流动性和存货资金占用量是否合理，促使企业在保证生产经营连续性的同时，提高资金的使用效率，增强企业短期偿债能力。

存货周转率有两种不同计价基础的计算方式。

一是以成本为基础的存货周转率，即一定时期内企业销货成本与存货平均余额的比率，它反映企业流动资产的流动性，主要用于资产流动性分析。其计算公式如下：

成本基础的存货周转率 = 营业成本 ÷ 存货平均余额

二是以收入为基础的存货周转率，即一定时期内企业营业收入与存货平均余额的比率，主要用于获利能力分析。其计算公式如下：

收入基础的存货周转率 = 营业收入 ÷ 存货平均余额

存货平均余额 =（期初存货余额 + 期末存货余额）÷2

期末存货余额 = 流动资产 − 速动资产 = 流动负债 ×（流动比率 − 速动比率）

收入基础的存货周转率 − 成本基础的存货周转率 = 毛利 ÷ 存货平均余额

也可以通过存货周转天数计算，计算公式如下：

存货周转天数 = 计算期天数（365）÷ 存货周转率

存货周转率指标的好坏反映企业存货管理水平的高低，影响企业的短期偿债能力和盈利能力。

因此，存货周转速度越快，存货的占用水平越低，流动性越强，存货转换为现金或应收账款的速度越快。

◆ 流动资产周转率

流动资产周转率指企业一定时期内主营业务收入净额与流动资产平均总额的比率，计算公式如下：

流动资产周转率（次）= 主营业务收入净额 ÷ 流动资产平均总额

流动资产平均总额 =（流动资产年初数 + 流动资产年末数）÷2

流动资产周转率反映了企业流动资产的周转速度，是从企业全部资产中流动性最强的流动资产角度对企业资产的利用效率进行分析。

◆ 固定资产周转率

固定资产周转率是企业销售收入与固定资产净值的比率，表示在一个会计年度内，固定资产周转的次数，或表示每一元固定资产贡献的销售收入。计算公式有三种，如下所示。

①固定资产周转率 = 营业收入 ÷ 固定资产平均净值

固定资产平均净值 =（期初固定资产净值 + 期末固定资产净值）÷2

②固定资产周转天数 =360÷ 固定资产周转率

③固定资产与收入比 = 平均固定资产净值 ÷ 销售收入

固定资产周转率主要用于分析企业对厂房、设备等固定资产的利用效率，比率越高，说明利用率越高，管理水平越好。

实务中，如果固定资产周转率与同行业平均水平相比偏低，则说明企业对固定资产的利用率较低，从而影响了企业的获利能力。

分析企业的未来发展能力

投资者做出投资决策的一个关键在于企业在未来一段时间内是否具有发展能力。企业的发展能力实际上也称企业的成长性，指的是企业通过自身的生产经营活动不断扩大积累而形成的发展潜能。

从财务状况的角度来看，企业发展能力分析主要是分析企业的总资产、营业收入以及收益的增长率，主要包括以下指标分析。

◆ 总资产增长率

总资产增长率是企业年末总资产的增长额同年初资产总额之比。本年总资产增长额为本年总资产的年末数减去年初数的差额，它是分析企业当年资本积累能力和发展能力的主要指标。

总资产增长率的相关计算公式如下：

总资产增长率 = 本年总资产增长额 ÷ 年初资产总额 ×100%

本年总资产增长额 = 年末资产总额 − 年初资产总额

总资产增长率越高，表明企业一定时期内资产经营规模扩张的速度越快。

◆ 营业收入增长率

营业收入增长率指企业本年营业收入增加额对上年营业收入总额的比率。同理，主营业务的收入增长率表示与上年相比，主营业务收入的增减变动情况，其计算公式如下：

营业收入增长率 =（营业收入增长额 ÷ 上年营业收入总额）×100%

营业收入增长额 = 本年营业收入总额 − 上年营业收入总额

营业收入增长率是评价企业成长状况和发展能力的重要指标。营业收入增长率大于零，表明企业营业收入有所增长，该指标值越高，表明企业营业收入的增长速度越快，企业市场前景越好。

◆ 收益增长率

企业的收益增长率是反映企业发展能力的重要指标。收益在会计上具体表现为营业利润、利润总额和净利润等多种指标，所以相对应地收益增长率也有不同的表现形式。

①净利润增长率。净利润是企业经营业绩最终的结果，所以净利润增长

率是企业发展能力的最终体现。净利润增长率指企业当期净利润比上期净利润的增长幅度，其计算公式如下：

净利润增长率 =（当期净利润 − 上期净利润）÷ 上期净利润 ×100%

净利润增长额 = 当期净利润 − 上期净利润

②营业利润增长率。营业利润增长率是反映企业营业利润的变动水平，可以直接反映企业的发展能力水平。营业利润增长率是企业本年营业利润增长额与上年营业利润总额的比率，其计算公式如下：

营业利润增长率 = 本年营业利润增长额 ÷ 上年营业利润总额 ×100%

本年营业利润增长额 = 本年营业利润总额 − 上年营业利润总额

③息税前利润增长率。息税前利润增长率指的是在不考虑利息和不缴纳企业所得税的情况下的利润，也可以称为息前税前利润，其计算公式如下：

息税前利润增长率 =（本期息税前利润 − 上期息税前利润）÷ 营业收入

息税前利润 = 净利润 + 所得税费用 + 利息支出

在分析企业净利润增长率时，应该结合营业收入增长率或营业利润增长率分析，如果企业的净利润增长率高于营业收入增长率或试营业利润增长率，说明企业产品的盈利能力正不断提升，该企业具有较好的发展能力。

分析企业利润的质量情况

有的上市企业为了获取高收益而对利润进行操纵，从而发出错误的会计信息给资本市场，给广大的投资者造成了重大的经济损失。为了规避这一情况，投资者必须对企业的利润质量进行分析。

利润质量指企业利润的形成过程以及利润结果的合规性、效益性及公允性。高质量利润的企业，表现为资产运转状况良好，企业开展的业务具有较好的市场发展前景，同时企业还具有良好的购买能力、偿债能力、缴纳税金及支付股利的能力。

高质量利润的企业其利润能够为企业未来的发展奠定良好的资产基础。反之，低质量的企业利润，则表现为资产运转不畅，企业支付能力、偿债能力减弱，甚至影响企业的营运能力和发展能力。

分析企业的利润质量指标主要有销售净现率、净利润现金比率和销售现金毛利率。

◆ 销售净现率

销售净现率反映了在收付实现制下，企业当期主营业务资金回笼情况。销售净现率是本期经营活动产生的现金流量净额与本期销售收入之比，计算公式如下：

销售净现率 = 经营活动现金流量净额 ÷ 销售收入

理论上，该比率应该等于 1。但是在实际经营过程中，由于存在着各种赊销政策和方法，使得营业收入中总有一部分不能及时收回。

资金回笼率越接近于 1，说明资金回笼越快，应收款余额越少；反之，则会造成大量资金在外循环，加大筹集资金的成本和难度，更严重的是会形成大量的坏账损失，增加企业经营风险。

但是，这并不代表销售净现率越高越好，因为过高的净现率可能是由于企业信用政策、付款条件过于苛刻或企业经营保守，这样会限制企业销量的扩大，从而会影响企业的盈利水平。

◆ 净利润现金比率

净利润现金比率指企业本期经营活动产生的现金净流量与净利润之间的比率关系，计算公式如下：

净利润现金比率 = 经营活动现金流量净额 ÷ 净利润

需要注意的是，有的企业可能存在账面利润数值很高，但现金流量显示入不敷出的情况；有的企业可能存在亏损，现金却很充足。

因此，投资者在分析利润质量时仅以利润来评价企业的经营能力和获利能力并不全面，需要结合现金流信息，这样得到的信息更为准确。

◆ 销售现金毛利率

销售现金毛利率是销售现金毛利与销售商品、提供劳务所收到现金的比值，计算公式如下：

销售现金毛利率 = 销售现金毛利 ÷ 销售商品、提供劳务所收到现金 ×100%

销售现金毛利 = 销售商品、提供劳务所收到现金 -
购买商品、接受劳务所支付现金

有的企业虽然销售收入较大，但销售业务并没有产生现金流，而是沉淀为应收账款，使收益质量下降，此时运用销售现金毛利率既反映了企业的收益质量，也反映了企业商品的真实竞争能力。

根据利润表选择个股投资

在股市投资常常会听到各种各样的技术分析法，例如波浪理论、K 线形态、技术指标等，但是除了这些之外，我们可以从企业自身的财务状况入手。如果一个企业经营得当，盈利颇丰，其股价自然稳步上涨。

因此，作为投资者，我们应该借助企业的财务报表以长远的眼光来分析评估一个企业未来的发展状况。

表 5-2 为某只股利润表摘要。

表 5-2　利润表摘要

单位：万元

利润表项目	2019 年 12 月 31 日	2019 年 9 月 30 日	2019 年 6 月 30 日	2019 年 3 月 31 日
营业收入	189 421.83	142 072.51	84 683.55	39 409.67
营业成本	102 136.86	73 977.58	46 068.73	21 017.15
税金及附加	495.46	260.20	231.19	23.78
销售费用	1 179.49	809.96	504.38	254.57
财务费用	2 404.40	1 874.44	1 263.05	625.06
管理费用	21 013.24	13 974.81	9 258.56	4 796.83
资产减值损失	–	–	–	155.02
公允价值变动净收益	–	–	–	–
投资收益	3 291.13	2 725.70	1 628.72	759.12
营业利润	63 381.74	52 092.93	27 840.96	12 902.70
营业外收入	181.69	115.95	113.74	11.01
营业外支出	224.62	188.98	167.62	25.42

续表

利润表项目	2019 年 12 月 31 日	2019 年 9 月 30 日	2019 年 6 月 30 日	2019 年 3 月 31 日
利润总额	63 338.81	52 019.90	27 787.08	12 888.29
所得税费用	12 561.77	7 386.86	4 593.70	2 365.60
净利润	50 777.04	44 633.04	23 193.38	10 522.69
归属母公司净利润	46 307.30	39 966.89	20 777.78	9 470.51

从整体看，利润表 2019 年四个季度中变动项目最大的主要是营业收入和营业成本，这可能是企业扩大生产，增加了销售成本，导致营业收入和营业成本大额增加。

另外，我们结合具体的指标来分析该企业的利润表情况。此时，我们需要结合资产负债表中的部分数据。表 5-3 为资产负债表摘要。

表 5-3　资产负债表摘要

单位：万元

资产负债表指标	2019 年 12 月 31 日	2019 年 9 月 30 日	2019 年 6 月 30 日	2019 年 3 月 31 日
货币资金	48 303.58	40 371.19	26 307.79	19 402.05
存货	1 565.48	1 698.82	2 213.86	1 915.90
应收账款	5 629.57	7 371.33	6 925.27	7 453.36
其他应收款	3 491.93	4 022.49	2 894.07	2 170.98
流动资产合计	63 543.71	58 074.67	42 040.56	34 422.93
长期股权投资	23 188.80	22 933.80	22 689.27	22 497.79

续表

资产负债表指标	2019 年 12 月 31 日	2019 年 9 月 30 日	2019 年 6 月 30 日	2019 年 3 月 31 日
固定资产净额	78 894.46	78 859.50	79 303.03	80 402.25
无形资产	1 363.96	1 360.24	1 387.72	1 424.65
非流动资产合计	202 435.94	199 593.91	190 987.49	187 976.49
资产总计	265 979.65	257 668.58	233 028.05	222 399.42
流动负债	34 143.96	28 916.49	27 406.02	28 111.75
非流动负债	34 870.33	38 080.00	38 880.00	38 980.00
负债合计	69 014.29	66 996.49	66 286.02	67 091.75
实收资本	32 064.00	32 064.00	32 064.00	32 064.00
资本公积	18.47	18.47	18.47	18.47
盈余公积	2 486.74	1 863.90	1 863.90	1 863.90
未分配利润	143 258.95	137 541.38	118 352.26	107 045.00
少数股东权益	18 421.18	17 592.69	14 539.00	14 316.31
股东权益合计	196 965.35	190 672.08	166 742.03	155 307.68

（1）企业的盈利能力分析

结合当前的数据情况，分析企业的盈利能力。这里主要分析企业的净资产报酬率、销售毛利率、营业净利率和营业利润率。

◆ 净资产报酬率

因为净资产报酬率 = 净利润 ÷ 净资产平均总额 ×100%，其中，净资产

平均总额 =（期初净资产总额 + 期末净资产总额）÷2。所以，2019 年净资产报酬率计算如下所示。

2019 年第四季度净资产报酬率：

50 777.04÷[（190 672.08+196 965.35）÷2]×100% ≈ 26.2%

2019 年第三季度净资产报酬率：

44 633.04÷[（166 742.03+190 672.08）÷2]×100% ≈ 24.98%

2019 年第二季度净资产报酬率：

23 193.38÷[（155 307.68+166 742.03）÷2]×100% ≈ 14.4%

◆ 销售毛利率

因为销售毛利率 = 营业毛利 ÷ 营业收入 ×100%=（营业收入 − 营业成本）÷ 营业收入 ×100%，所以 2019 年销售毛利率计算如下所示。

2019 年第四季度销售毛利率：

（189 421.83−102 136.86）÷189 421.83×100%=46.08%

2019 年第三季度销售毛利率：

（142 072.51−73 977.58）÷142 072.51×100%=47.93%

2019 年第二季度销售毛利率：

（84 683.55−46 068.73）÷84 683.55×100%=45.6%

2019 年第一季度销售毛利率：

（39 409.67−21 017.15）÷39 409.67×100%=46.67%

◆ 营业净利率

因为营业净利率 = 净利润 ÷ 营业收入 ×100%，所以 2019 年营业净利率计算如下所示。

2019 年第四季度营业净利率：

50 777.04 ÷ 189 421.83 × 100%=26.81%

2019 年第三季度营业净利率：

44 633.04 ÷ 142 072.51 × 100%=31.42%

2019 年第二季度营业净利率：

23 193.38 ÷ 84 683.55 × 100%=27.39%

2019 年第一季度营业净利率：

10 522.67 ÷ 39 409.67 × 100%=26.7%

◆　营业利润率

因为营业利润率 = 营业利润 ÷ 营业收入（商品销售额）×100%，所以 2019 年营业利润率计算如下所示。

2019 年第四季度营业利润率：

63 381.74 ÷ 189 421.83 × 100%=33.46%

2019 年第三季度营业利润率：

52 092.93 ÷ 142 072.51 × 100%=36.67%

2019 年第二季度营业利润率：

27 840.96 ÷ 84 683.55 × 100%=32.88%

2019 年第一季度营业利润率：

12 902.70 ÷ 39 409.67 × 100%=32.74%

根据计算结果可以看出，该公司 2019 年的净资产报酬率逐渐增加，而销售毛利率、营业净利率以及营业利润率比较稳定，说明该企业获利能力较好，有比较稳定的盈利能力。

（2）企业的发展能力分析

企业的发展能力分析主要包括营业收入增长率、营业利润增长率、净利润增长率、净资产增长率以及总资产增长率。

◆ 营业收入增长率

因为营业收入增长率 = 营业收入增长额 ÷ 上期营业收入总额 ×100%，其中，营业收入增长额 = 本期营业收入总额 − 上期营业收入总额，所以 2019 年该公司的营业收入增长率计算如下所示。

2019 年第四季度营业收入增长率：

（189 421.83−142 072.51）÷142 072.51×100%=33.33%

2019 年第三季度营业收入增长率：

（142 072.51−84 683.55）÷84 683.55×100%=67.77%

2019 年第二季度营业收入增长率：

（84 683.55−39 409.67）÷39 409.67×100%=114.88%

◆ 营业利润增长率

因为营业利润增长率 = 本期营业利润增长额 ÷ 上期营业利润总额 ×100%，其中，本期营业利润增长额 = 本期营业利润总额 − 上期营业利润总额。所以该公司的营业利润增长率计算如下所示。

2019 年第四季度营业利润增长率：

（63 381.74−52 092.93）÷52 092.93×100%=21.67%

2019 年第三季度营业利润增长率：

（52 092.93−27 840.96）÷27 840.96×100%=87.11%

2019 年第二季度营业利润增长率：

（27 840.96−12 902.70）÷12 902.70×100%=115.78%

◆ 净利润增长率

因为净利润增长率 = 净利润增长额 ÷ 上期净利润 ×100%，其中，净利润增长额 = 本期净利润 − 上期净利润，所以 2019 年该公司净利润增长率计算如下所示。

2019 年第四季度净利润增长率：

（50 777.04−44 633.04）÷44 633.04×100%=13.77%

2019 年第三季度净利润增长率：

（44 633.04−23 193.38）÷23 193.38×100%=92.44%

2019 年第二季度净利润增长率：

（23 193.38−10 522.69）÷10 522.69×100%=120.41%

◆ 净资产增长率

因为净资产增长率 = 净资产增长额 ÷ 期初净资产 ×100%，其中，净资产增长额 = 期末净资产 − 期初净资产，所以该公司 2019 年净资产增长率计算如下所示。

2019 年第四季度净资产增长率：

（196 965.35−190 672.08）÷190 672.08×100%=3.3%

2019 年第三季度净资产增长率：

（190 672.08−166 742.03）÷166 742.03×100%=14.35%

2019 年第二季度净资产增长率：

（166 742.03−155 307.68）÷155 307.68×100%=7.36%

◆ 总资产增长率

因为总资产增长率 = 本期总资产增长额 ÷ 期初资产总额 ×100%，其中，本期总资产增长额 = 期末资产总额 − 期初资产总额，所以 2019 年该公司总资产增长率计算如下所示。

2019 年第四季度总资产增长率：

（265 979.65−257 668.58）÷257 668.58×100%=3.23%

2019 年第三季度总资产增长率：

（257 668.58−233 028.05）÷233 028.05×100%=10.57%

2019 年第二季度总资产增长率：

（233 028.05−222 399.42）÷222 399.42×100%=4.78%

根据上述计算结果可以看出，该企业第二、三季度增长较快，第四季度增长速度变缓，整体看起来财务数据比较健康，企业的规模呈现扩大，利润和所有者权益的增加，企业发展速度较快，说明企业未来的发展前景较好。

综上所述，可以看出这个企业的财务状况良好，企业发展状况较好，可以投资。在这样的运营管理下，该股的股价走势良好。图 5−2 为该股 2019 年 1 月至 12 月的股价走势。

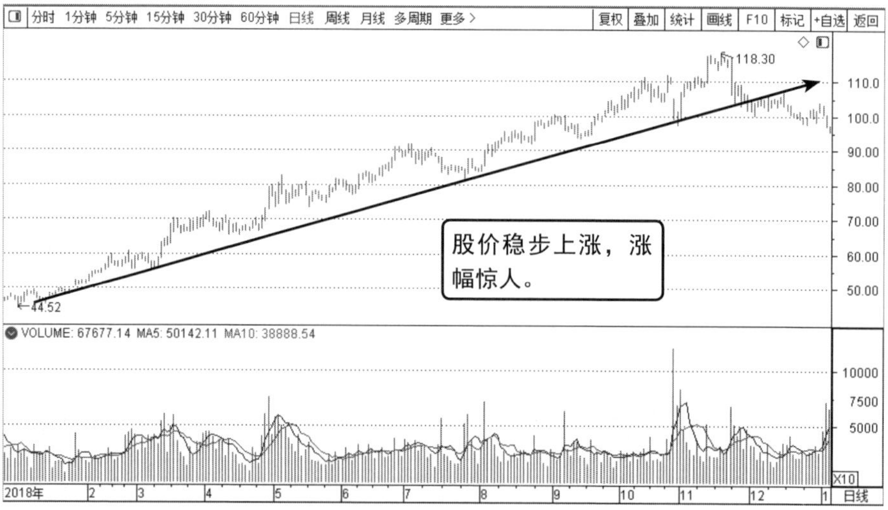

图 5−2　该公司个股 2019 年 1 月至 12 月的走势图

从图 5-2 可以看到，2019 年整年该股表现出稳定上涨的牛市行情，虽然中途有回调现象，但下调幅度不大，大势上依然保持向上运行的稳定走势。图 5-3 所示为该股 2019 年 12 月至 2020 年 5 月的走势图。

图 5-3　该公司个股 2019 年 12 月至 2020 年 5 月的走势图

从图 5-3 中可以看到，该股进入 2020 年后在 100.00 元价位线附近持续了两个多月的调整，但此时成交量呈现放量，说明市场普遍对该股后市看好。

果然，3 月下旬，该股调整结束，转入上涨行情，继续之前的稳步上涨走势，最高涨至 140.35 元，如果投资者在 100.00 元附近买入该股，那么投资者的投资涨幅将达到 40.35%。

股票的价值与价格是一回事吗

对于初入股市的投资者来说，除了要懂得通过企业的财务报表选择个股之外，还需要了解一些必要炒股知识，例如股票的价值与价格。

股票之所以有价，是因为股票的持有人（即股东）不但可以参加股东大会，还可以对股份公司的经营决策施加影响，并有参与分红与派息的权利，从而获得相应的经济利益。

同理，凭借某一单位数量的股票，其持有人所能获得的经济收益越大，预示着股票的价格相应地也就越高。

股票的价值可分为面值、净值、清算价格、发行价及市价五种，具体介绍如表 5-4 所示。

表 5-4　股票的价值

项　目	内　容
面值	面值是股份公司在所发行的股票票面上标明的票面金额，它以“元 / 股”为单位，其作用是表明每一张股票所包含的资本数额。在我国上海和深圳证券交易所流通的股票面值均为壹元，即每股一元
净值	净值又称为账面价值，也称为每股净资产，是用会计统计的方法计算出来的每股股票所包含的资产净值。每股股票净值的计算方法是：净值 = 公司净资产 ÷ 总股本，其中公司资产包括注册资金、各种公积金、累积盈余等，不包括债务。股份公司的账面价值越高，则股东实际拥有的资产就越多 由于账面价值是财务统计、计算的结果，数据较精确而且可信度很高，所以它是股票投资者评估和分析上市公司实力的重要依据之一，股民应注意上市公司的这一数据

续表

项　目	内　容
清算价格	清算价格指股份公司破产或倒闭后进行清算时，每股股票所代表的实际价值。从理论上讲，股票的每股清算价格应与股票的账面价值相一致，但企业在破产清算时，其财产价值是以实际的销售价格来计算的，而在进行财产处置时，其售价一般都会低于实际价值。所以，股票的清算价格就会与股票的净值不一致 股票的清算价格只是在股份公司因破产或其他原因丧失法人资格而进行清算时才被作为确定股票价格的依据，在股票的发行和流通过程中没有意义
发行价	当股票上市发行时，上市公司从公司自身利益以及确保股票上市成功等角度出发，对上市的股票不按面值发行，而是制订一个较为合理的价格来发行，这个价格就称为股票的发行价
市价	市价指股票在交易过程中交易双方达成的成交价，通常所指的股票价格就是市价。股票的市价直接反映股票市场的行情，是股民购买股票的依据。由于受众多因素的影响，股票的市价处于经常性的变化之中。股票价格是股票市场价值的集中体现，因此这一价格又称为股票行市

实际上股票本身是没有价值的，它只是虚拟资本的一种形式，但它可以当作商品出卖，因此有一定的价格。

股票价格又叫股票行市，它不等于股票票面的金额。股票的票面金额代表投资入股的货币资本数额，它是固定不变的；而股票价格则是变动的，它经常是大于或小于股票的票面金额。

股票的买卖实际上是买卖获得股息的权利，因此股票价格不是它所代表的实际资本价值的货币表现，而是一种资本化的收入。

投资者在股市交易中需要缴纳的手续费用

投资者在股市投资中的股票交易一般都是委托经纪商代办，因此所有的交易活动都需要交付相应的费用。对于投资者而言，在股票交易中需要缴纳的费用包括印花税和过户费、佣金等手续费。

不同的证券交易所和不同的证券，其收取的费用都不同，上证所和深交所具体的收费标准分别见表 5–5 和表 5–6。

表 5–5　上证所收费标准

证券项目	开户费	佣　　金	过户费	印花税
A 股	40 元 / 户	不超过成交金额的 0.3%，起点 5 元	按成交金额 0.02‰收取，1 000 股 / 元。1 000 股收 1 元，不足 1 元，按 1 元收取	成交金额的 0.1%（出让方单边缴纳）
B 股	19 美元 / 户	不超过成交金额的 0.3%，起点 1 美元	–	成交金额的 0.1%（出让方单边缴纳）
基金	5 元 / 户	不超过成交金额的 0.3%	–	–
债券	–	不超过成交金额的 0.02%，起点 1 元	–	–

2019 年 2 月 1 日以 23.18 元买入 10 000 股中国海防（600764），2019 年 4 月 3 日以 35.41 元卖出，计算其买入和卖出手续费。

①买入手续费的计算。

买入成交金额：23.18×10 000=231 800.00（元）

佣金：231 800×0.3%=695.4（元）

过户费：23.18×10 000×0.02‰=4.64（元）

印花税：买入股票时为受让方，不缴纳印花税。

买入手续费：695.40+4.64=700.04（元）

②卖出手续费的计算。

卖出成交金额：35.41×10 000=354 100.00（元）

佣金：354 100.00×0.3%=1 062.3（元）

过户费：35.41×10 000×0.02‰=7.08（元）

印花税：354 100.00×0.1%=354.10（元）

卖出手续费：1 062.3+7.08+354.10=1 423.48（元）

表 5-6　深交所收费标准

证券项目	开户费	佣　金	过户费	印花税
A 股	50 元 / 户	不超过成交金额的 0.3%，起点 5 元	成交金额的 0.1%（出让方单边缴纳）	成交金额的 0.1%（出让方单边缴纳）
B 股	120 港币 / 户	不超过成交金额的 0.3%，起点 5 港元	成交金额的 0.1%（出让方单边缴纳）	成交金额的 0.1%（出让方单边缴纳）
基金	5 元 / 户	不超过成交金额的 0.3%	–	–
债券	–	不超过成交金额的 0.02%	–	–

个股投资的股息与红利

获取股息和红利是投资者投资上市公司的基本目的，也是股民的基本经济权利。一般来讲，上市公司在财会年度结算以后，会根据股东的持股数将一部分利润作为股息分配给股东，具体的分红派息工作的过程如下所示。

①年底进行财务年底结算。

②财会年度结束的 120 天内（次年的 1~3 月）公布年度财务报告。

③在年度报告中要公布利润分配预案。

④次年的 4 ~ 9 月进行分红派息工作。

投资者需要注意的是，股东每年的股息和红利并不是固定的，它主要取决于上市公司当年的经营业绩，公司在盈利并缴纳相关税费后所剩的利润可用来派发股息和红利，它是股息和红利的唯一来源，又是上市公司分红派息的最高限额。

另外，对于投资者来说股东分红也需要缴税。不论上市公司的股东是自然人还是法人，根据国家的税收政策，都要依法承担纳税义务。

我国法律明确规定，持股人必须缴纳股票收益（股息红利）所得税，其比例是根据股票的面额，超过一年期定期储蓄存款利率的部分要缴纳 20% 的所得税。

上市公司在实施分红派息时，需要符合法律规定，且不得违反公司的章程，其具体的分配原则如下所示。

- ◆ 依法进行必要扣除后才将税后利润用于分红派息。税后利润的具体分配顺序：①弥补以前年度的亏损；②提取法定盈余公积金；③提取公益金；④提取任意公积金；⑤支付优先股股息；⑥支付普通股股息。
- ◆ 分红派息须执行上市公司已定的股息政策。上市公司一般都要将公司的长远发展需要与股东们追求短期投资收益有机地结合起来，制定相应的股息政策，作为分配股息、红利的依据。
- ◆ 分红派息必须执行同股同利的原则。持有同一种类股票的股东在分红派息的数额、形式、时间等内容上不得存在差别，但公司章程另有规定的可例外。
- ◆ 在依上述原则分红派息时还必须注意有关的法律限制。①保证分红派息前后公司有能力偿付到期债务；②不得违反公司所签订的有关约束分红派息的合同；③依法不得影响公司资产结构及正常运转；④公司董事会的自行限制。

具体的分红派息方式有以下四种。

股票股利。股票股利是公司以增发股票的方式支付给股东的股息红利，也就是通常所说的送红股。

负债股利。负债股利是公司通过建立一种负债，用债券或应付票据作为股利分派给股东。它还可以确定股东对公司享有的独立债权。

现金股利。现金股利是公司以货币形式支付给股东的股息红利，也是最普通、最常见的一种股利形式，如每股派息多少元，就是现金股利。

财产股利。财产股利是公司用现金以外的其他资产向股东分派的股息红利。它可以是公司持有的其他公司的有价证券，也可以是其他实物。

投资者需要知道的是，企业以送红股的方式来派发股息和红利的时候，对投资者来说，益处和弊端是共存的。

益处。送红股方式优于分配利润。虽然都不会改变股东的持股比例，也不增减股票的含金量，但送红股在将股票拆细的同时也将股票每股的净资产额同比例降低，能直接提高股民的经济效益。

弊端。若企业在未来年份中经营比较稳定、业务开拓较为顺利，且其净资产收益率能高于平均水平，则股东能得到预期的回报；反之，股东不但在未来的年份里得不到预期回报，且还需将上一年度应得的红利化为固定资产沉淀。

除权与除息

上市公司发放股息红利的形式虽然有四种，但沪深股市的上市公司分配利润的方式只有股票股利和现金股利两种，即通常所说的送红股和派现金。当上市公司向股东分派股息时，就要对股票进行除息；当上市公司向股东送红股时，就要对股票进行除权。

在除权除息前交易的股票是含权的，而在除权除息后的股票不能参与利润分配。因此，除权除息实际上就是将股权登记日的收盘价予以更改，由证券交易所在除权除息日收盘后计算出除权除息价，作为次日开盘的参考价，其具体的计算公式如下：

除息价 = 除息日的上个交易日的收盘价 − 每股现金股息额

送股除权价 =[原股数 ×（原价 − 股息）+ 配股数 × 配股价]

÷（原股数 + 配股数）

送股配股除权除息价 =[原股数 ×（原价 − 股息）+ 配股数 × 配股价]÷（原股数 + 送股数 + 配股数）

下面来看一个计算实例。

2019 年 6 月 27 日，立昂技术（300603）的收盘价为 32.40 元，次日（2019 年 6 月 28 日）该公司进行权息变动，此次变动的派息和送股方案是：每 10 股派息 1 元，每 10 股送红股 7 股。

除权除息日开盘参考价 =[10×（32.40−1÷10）]÷（10+7）=19.00（元）

第6章

通过现金流动看投资的安全性

现金流量表是最重要的财务报表之一，主要记录在固定会计期间内企业现金的增减变动情形。因为其造假难度较大，所以对评价企业实现的利润、财务状况以及财务管理方面更为可靠，能更好地评估企业收益质量，从而帮助投资者规避潜在的投资风险。

现金流量表结构解读

现金流量表指反映企业在一定会计期间现金和现金等价物流入和流出情况的报表。其中涉及两个名词，现金及现金等价物。

现金指企业库存现金以及可随时用于支付的存款。现金等价物指企业持有的期限短、流动性强、易于转换为已知金额现金、价值变动风险小的投资。期限短，通常指从购买之日起三个月内到期的投资。因此，现金等价物通常包括三个月内到期的债券投资、货币基金投资等。

现金流量表通常由两个部分组成：一是现金流量表主表；二是按照间接法编制的补充资料。

（1）现金流量表主表

现金流量表主表主要是对企业经营、投资和筹资三大活动中，现金和现金等价物流入和流出数量的记录，在这些项目内部首先计算出收入和支出小计，再得出各项目现金流量的净额。

因此，可以将其分为三类，即经营活动产生的现金流量、投资活动产生的现金流量以及筹资活动产生的现金流量。

①经营活动指企业投资活动和筹资活动以外的所有交易和事项，包括销售商品或提供劳务、购买商品或接受劳务、收到返还的税费、经营性租赁、支付工资、支付广告费用以及缴纳各项税款等。

②投资活动指企业长期资产的购建和不包括在现金等价物范围内的投资及其处置活动，包括取得和收回投资、购建和处置固定资产、购买和处置无

形资产等。

③筹资活动指导致企业资本及债务规模和构成发生变化的活动，包括发行股票或接受投入资本、分派现金股利、取得和偿还银行借款、发行和偿还公司债券等。

编制现金流量表时主要通过直接法和间接法实现。虽然直接法和间接法都能进行编制，两者在编制方法和使用上却存在很大的不同，具体见表 6-1。

表 6-1　编制现金流量表直接法与间接法的对比

项　目	直接法	间接法
概念	指将经营活动中的现金流入和流出各项目直接列出，按照每笔现金收支业务的属性，分类形成经营、投资、筹资 3 部分的现金收支项目	将企业损益表中的净利润，调整成为经营活动的现金流入和流出
应用	应用于编制现金流量表，指通过现金收入和现金支出的主要类别列示各类现金流量，以利润表中的营业收入为起点，调整有关项目的增减变动，计算现金流量	应用于编制现金流量表，指以净利润为起点，调整有关项目，将以权责发生制为基础计算的净利润调整为以收付实现制为基础计算的经营活动的现金流量净值
作用	企业会计准则中规定企业应采用直接法报告经营活动的现金流量，即通过现金收入和现金支出的主要类别反映来自企业经营活动的现金流量	通过将企业非现金交易或未来经营活动产生的现金收入来反映企业经营活动所形成的现金流量

（2）补充资料

现金流量表补充资料包括将净利润调节为经营活动现金流量、不涉及现金收支的重大投资和筹资活动、现金及现金等价物净增加情况等项目。主要项目的填制规则如下所示。

◆ 净利润项目根据利润表净利润数填列。

- ◆ 计提的资产减值准备，按照本期计提的各项资产减值准备发生额累计数填制。
- ◆ 固定资产折旧为当期计提的折旧金额，根据“累计折旧”科目贷方发生额分析填列。
- ◆ 无形资产摊销为当期实际摊销的金额，根据“累计摊销”科目贷方发生额分析填列。
- ◆ 长期待摊费用摊销为本期摊销的长期待摊费用，根据“长期待摊费用”科目贷方发生额分析填列。
- ◆ 处置固定资产、无形资产和其他长期资产的损失（减：收益）根据“固定资产清理”及“资产处置损益”科目的明细账分析填列。
- ◆ 固定资产报废损失根据“固定资产清理”及“营业外支出”科目的明细账分析填列。
- ◆ 企业发生的财务费可以分别归属于经营活动、投资活动和筹资活动。财务费用 = 利息支出 − 应收票据的贴现利息。
- ◆ 投资损失（减：收益）= 投资收益（借方余额正号填列，贷方余额负号填列）。
- ◆ 递延税款贷项（减：借项）= 递延税款（期末数 − 期初数）。
- ◆ 存货的减少（减：增加）= 存货（期初数 − 期末数）。
- ◆ 经营性应收项目的减少（减：增加）= 应收账款（期初数 − 期末数）+ 应收票据（期初数 − 期末数）+ 预付账款（期初数 − 期末数）+ 其他应收款（期初数 − 期末数）+ 待摊费用（期初数 − 期末数）− 坏账准备期末余额。
- ◆ 经营性应付项目的增加（减：减少）= 应付账款（期末数 − 期初数）+ 预收账款（期末数 − 期初数）+ 应付票据（期末数 − 期初数）+ 应付工资（期末数 − 期初数）+ 应付福利费（期末数 − 期初数）+ 应交税金（期末数 − 期初数）+ 其他应付款（期末数 − 期初数）。

企业经营活动中的现金流量分析

企业的经营活动是三大活动中最为重要，也是最为频繁的活动类型，经营活动产生的现金流量在企业运营分析中尤为重要。经营活动产生的现金流分为两个方向，即企业经营活动现金流入和经营活动现金流出。

（1）企业经营活动现金流入

经营活动产生的现金流入指企业在经营活动过程中流入企业的现金流，主要包括销售商品、提供劳务收到的现金，收到的税费返还，收到的其他与经营活动有关的现金。这三个项目是一家企业最重要的盈利方式，具体内容见表6–2。

表6–2 经营活动现金流入项目

项目	说明	计算公式
销售商品、提供劳务收到的现金	指企业本期通过销售商品或提供劳务收到的现金，以及前期销售商品、提供劳务在本期收到的现金和本期预收的现金	销售商品、提供劳务收到的现金＝产品销售收入＋其他业务收入＋应收账款减少额＋预收账款增加额
收到的税费返还	企业收到的所得税、增值税、消费税等各种税费返还款	收到的税费返还＝收到的增值税返还＋收到出口退税＋收到的所得税返还＋其他税费返还
收到其他与经营活动有关的现金	指企业经营租赁收到的租金等其他与经营活动有关的现金流入	收到其他与经营活动有关的现金＝营业外收入＋其他应收款减少额＋其他应付款增加额等

在上述三个项目列示完之后，现金流量表中会列示“经营活动现金流入小计”项目，计算销售商品、提供劳务收到的现金，收到的税费返还，以及收到的其他与经营活动有关的现金之和。

（2）企业经营活动现金流出

企业经营活动现金流出与企业经营活动现金流入相反，它指企业以现金支付的与企业经营活动相关的项目，主要包括购买商品、接受劳务支付的现金，支付给职工以及为职工支付的现金，支付的各项税费，以及支付的其他与经营活动有关的现金。

◆ 购买商品、接受劳务支付的现金

购买商品、接受劳务支付的现金指企业当期购买商品或接受劳务支付的现金，当期支付的前期购买商品、接受劳务的应付款以及为了购买商品而支付的预付款。

◆ 支付给职工以及为职工支付的现金

支付给职工以及为职工支付的现金指企业实际支付给职工的现金以及为职工支付的现金，包括本期实际支付给职工的工资、奖金、各种津贴和补贴等，以及为职工支付的其他费用，但不包括支付的离退休人员的各项费用和支付给在建工程人员的工资等。

其中，企业为职工支付的养老、失业等社会保险基金和补充养老保险，支付给职工的住房困难补助以及为职工支付的其他福利费用等，应根据职工的工作性质和服务对象，分别在“购建固定资产”“无形资产”“其他长期资产所支付的现金”和“支付的其他与经营活动有关的现金”项目中反映。

◆ 支付的各项税费

支付的各项税费主要指企业当期实际以现金支付的各项税费，具体包括企业的增值税、企业所得税、印花税、城市建设税、教育费附加、消费税、契税、房产税和土地增值税等，但需要注意的是，代扣代缴个人所得税不在此范围内。

◆ 支付的其他与经营活动有关的现金

支付的其他与经营活动有关的现金指企业支付的差旅费、业务招待费、保险费以及罚款支出等与经营活动有关的其他现金流出。

在上述的四个项目列示完之后，现金流量表中会列示“经营活动现金流出小计”项目，该项目主要用于计算购买商品、接受劳务支付的现金，支付给职工以及为职工支付的现金，支付的各项税费，以及支付的其他与经营活动有关的现金之和。

通过经营活动现金流入小计和经营活动现金流出小计得到经营活动的现金流量净额，计算公式如下：

经营活动产生的现金流量净额 = 经营活动现金流入 − 经营活动现金流出

在实际的企业经营活动中，产生的现金流量净额可能是正数，也有可能是负数。具体情况分为以下三种。

①经营活动现金流入 > 经营活动现金流出

当经营活动现金流入 > 经营活动现金流出时，产生的现金流量净额为正数，说明企业经营活动创造现金的能力较强，可以满足企业资金周转的需要。

②经营活动现金流入 = 经营活动现金流出

当经营活动现金流入 = 经营活动现金流出时，说明企业的现金能够满足自身日常经营的需要，但此时企业还存在一定的经营风险，因为企业经营成本中还包括一些非付现成本，如果经营性现金不能对这些非付现成本进行补偿，那么企业的经营可能就会面临较大的困难。

③经营活动现金流入＜经营活动现金流出

当经营活动现金流入＜经营活动现金流出时，说明企业经营活动现金流入不足难以维持企业日常经营所需现金的支付，但并不意味着企业就一定亏损。如果企业处于成长阶段，需要大量资金支出，经营收入较少，容易出现这样的情况。

如果企业进入正常经营阶段后出现这种情况，说明企业可能存在经营不良的问题。

另外，还要关注是否存在做假账的现象，例如收入造假、少结转成本和不恰当的支出资本化等，这些都会影响投资者对企业做出正确判断。

企业投资活动中的现金流量分析

随着市场经济的不断发展，主营业务往往已经不再成为企业唯一的盈利途经了，许多企业都会开展投资活动，实现更多盈利，由此产生了投资活动现金流量。

投资活动现金流量指企业长期资产（通常指一年以上）的购建及其处置产生的现金流量，包括购建固定资产、长期投资的现金流量和处置长期资产的现金流量，并按其性质分项列示。

企业投资活动现金流量与企业经营活动现金流量一样，包括企业投资活动现金流入和企业投资活动现金流出。

（1）企业投资活动现金流入

企业投资活动现金流入指流入企业的与企业投资发展相关的现金流，主要包括企业收回投资收到的现金，取得投资收益收到的现金，处置固定资产、无形资产和其他长期资产收回的现金净额，处置子公司及其他营业单位收到的现金净额以及收到其他与投资活动有关的现金5个部分。

◆ 收回投资收到的现金

收回投资收到的现金指企业出售、转让或到期收回除现金等价物以外的交易性金融资产、持有至到期投资、可供出售金融资产和长期股权投资等而收到的现金，不包括长期债券投资收回的利息以及收回的非现金资产。

收回投资收到的现金的计算公式如下：

收回投资收到的现金 =（短期投资期初数 - 短期投资期末数）+（长期股权投资期初数 - 长期股权投资期末数）

◆ 取得投资收益收到的现金

取得投资收益收到的现金指企业因为投资活动而收到的现金股利、利润分红以及利息等。计算公式如下：

取得投资收益收到的现金 = 利润表投资收益 -（应收利息期末数 - 应收利息期初数）-（应收股利期末数 - 应收股利期初数）

◆ 处置固定资产、无形资产和其他长期资产收回的现金净额

处置固定资产、无形资产和其他长期资产收回的现金净额指企业处置固定资产、无形资产和其他长期资产而取得的现金，再扣除为处置这些资产而支付的相关费用之后的净额。计算公式如下：

处置固定资产、无形资产和其他长期资产收回的现金净额 =“固定资产清理”科目的贷方余额 +（无形资产期初数 - 无形资产期末数）+（其他长期资产期初数 - 其他长期资产期末数）

◆ 处置子公司及其他营业单位收到的现金净额

处置子公司及其他营业单位收到的现金净额指企业处置其子公司及其他

营业单位所取得的现金，再减去相关处置费用及子公司和其他营业单位所持有的现金及现金等价物之后的净额。

◆ 收到其他与投资活动有关的现金

收到其他与投资活动有关的现金指除了上述项目之外的，收到的其他与投资活动相关的现金，例如收到购买股票和债券时支付实际价款中包含的已宣告但尚未领取的现金股利或已到付息期但尚未领取的债券利息、收回融资租赁设备本金等。

在上述 5 个项目列示完之后，现金流量表中会列示“投资活动现金流入小计”项目，计算收回投资收到的现金，取得投资收益收到的现金，处置固定资产、无形资产和其他长期资产收回的现金净额，处置子公司及其他营业单位收到的现金净额以及收到其他与投资活动有关的现金之和。

（2）企业投资活动现金流出

企业投资活动现金流出指企业投资活动过程中发生的现金流出情况，包括企业购建固定资产、无形资产和其他长期资产支付的现金，投资支付的现金，取得子公司及其他营业单位支付的现金净额，以及支付其他与投资活动有关的现金 4 个部分。

◆ 购建固定资产、无形资产和其他长期资产支付的现金

购建固定资产、无形资产和其他长期资产支付的现金指企业购买、建造固定资产，取得无形资产和其他长期资产而支付的现金。其计算公式如下：

购建固定资产、无形资产和其他长期资产支付的现金 =（在建工程期末数 − 在建工程期初数）（剔除利息）+（固定资产期末数 − 固定资产期初数）+（无形资产期末数 − 无形资产期初数）+（其他长期资产期末数 − 其他长期资产期初数）

◆ 投资支付的现金

投资支付的现金指企业进行各种性质的投资所支付的现金，包括企业取

得长期股权投资所支付的现金、取得债券支付的现金以及短期股票投资支付的现金等。其计算公式如下：

投资支付的现金 =（短期投资期末数 – 短期投资期初数）+（长期股权投资期末数 – 长期股权投资期初数）（剔除投资收益或损失）+（长期债权投资期末数 – 长期债权投资期初数）（剔除投资收益或损失）

◆ 取得子公司及其他营业单位支付的现金净额

取得子公司及其他营业单位支付的现金净额指企业购买子公司及其他营业单位的购买价中以现金支付的部分，再扣除子公司及其他营业单位持有的现金及现金等价物之后的净额。

◆ 支付其他与投资活动有关的现金

支付其他与投资活动有关的现金指除了上述项目之外的，支付的其他与投资活动有关的现金，例如企业购买股票和债券时，实际支付的价款中包含的已宣告但尚未发放的现金股利，或已到付息期但尚未领取的债券利息。

在上述 4 个项目列示完之后，现金流量表中会列示“投资活动现金流出小计”项目，计算企业购建固定资产、无形资产和其他长期资产支付的现金，投资支付的现金，取得子公司及其他营业单位支付的现金净额，以及支付其他与投资活动有关的现金之和。

通过投资活动现金流入小计和投资活动现金流出小计得到投资活动的现金流量净额，计算公式如下：

投资活动产生的现金流量净额 = 投资活动现金流入 – 投资活动现金流出

投资活动产生的现金流量净额可能为正，也可能为负。我们判断企业的投资活动情况时，不能单一地根据投资活动产生的现金流量净额的正负情况来确定。

首先，一个企业的投资活动应该与其长期规划和短期发展计划相符，因为投资活动产生的现金流量净额为正时，可能是企业在经营活动与筹资活动方面急需资金而不得不处理手中的长期资产来是变现产生的。

当投资活动产生的现金流量净额为负时，通常是因为企业在本会计期间投资回收活动的规模小于投资支出的规模，或者是因为企业为了增大利润而扩大投资。因此，投资者必须对企业投资活动的现金流量产生的原因进行具体的分析。

企业筹资活动中的现金流量分析

企业为了寻求发展，扩大经营规模，常常会对外借款，这就涉及企业的筹资活动。企业筹资活动会引起现金的流入、流出，即筹资活动现金流量。

筹资活动现金流量指导致企业资本及债务的规模和构成发生变化的活动所产生的现金流量。企业的筹资活动的现金流量包括筹资活动的现金流入和筹资活动的现金流出两个部分。

（1）企业筹资活动现金流入

企业筹资活动现金流入指企业筹集资金并获得资金的过程，它包括企业吸收投资收到的现金、取得借款收到的现金以及收到的其他与筹资活动有关的现金三个部分。

◆ 吸收投资收到的现金

吸收投资收到的现金指企业收到的投资者投入的现金，包括企业以发行股票、债券等形式筹集资金收到的款项，再扣除其发行费用和支付的佣金等之后的净额。其计算公式如下：

吸收投资收到的现金 =（实收资本或股本期末数 - 实收资本或股本期初数）+（应付债券期末数 - 应付债券期初数）

◆ 取得借款收到的现金

取得借款收到的现金指企业通过银行等金融机构取得的短期借款、长期借款所收到的现金，反映在短期借款或长期借款的增加上。其计算公式如下：

取得借款收到的现金 =（短期借款期末数 - 短期借款期初数）+（长期借款期末数 - 长期借款期初数）

◆ 收到的其他与筹资活动有关的现金

收到的其他与筹资活动有关的现金指除上述各项目外，企业收到的其他与筹资活动有关的现金，例如利息收入等。

在上述三个项目列示完之后，现金流量表中会列示“筹资活动现金流入小计”项目，计算企业吸收投资收到的现金、取得借款收到的现金以及收到的其他与筹资活动有关的现金之和。

（2）企业筹资活动现金流出

筹资活动现金流出指企业为筹集资金而支付的各项现金，包含偿还债务支付的现金，分配股利、利润或偿付利息支付的现金，以及支付其他与筹资活动有关的现金三个项目。

◆ 偿还债务支付的现金

偿还债务支付的现金指企业以现金偿还债务的本金，包括偿还金融企业的借款本金、偿还债券本金等。计算公式如下：

偿还债务支付的现金 =（短期借款期初数 - 短期借款期末数）+（长期借款期初数 - 长期借款期末数）（剔除利息）+（应付债券期初数 - 应付债

券期末数）（剔除利息）

◆ 分配股利、利润或偿付利息支付的现金

分配股利、利润或偿付利息支付的现金指企业实际支付的现金股利、利润以及支付给其他投资者的利息。计算公式如下：

分配股利、利润或偿付利息支付的现金 = 应付股利借方发生额 + 利息支出 + 长期借款利息 + 在建工程利息 + 应付债券利息 − 预提费用中“计提利息”贷方余额 − 票据贴现利息支出

◆ 支付其他与筹资活动有关的现金

支付其他与筹资活动有关的现金指企业除了上述各项目外，支付的其他与筹资活动有关的现金，例如企业为发行债券而支付的相关审计费用等。

在上述三个项目列示完之后，现金流量表中会列示“筹资活动现金流出小计”项目，计算偿还债务支付的现金，分配股利、利润或偿付利息支付的现金，以及支付其他与筹资活动有关的现金之和。

通过筹资活动现金流入小计和筹资活动现金流出小计得到筹资活动的现金流量净额，计算公式如下：

筹资活动产生的现金流量净额 = 筹资活动现金流入 − 筹资活动现金流出

筹资活动现金流量净额可能为正，也可能为负。当筹资活动现金流量净额为正时，说明筹资活动现金流入大于筹资活动现金流出，企业筹资数额较大，债务负担较重。

当筹资活动现金流量净额为负时，说明筹资活动现金流入小于筹资活动现金流出，说明企业归还了前期借款或在无新增借款的情况下偿付了利息或支付了股利。

许多优秀的企业往往其筹资活动现金流入和流出项内容较少，尤其收到

其他与筹资活动有关的现金和支付其他与筹资活动有关的现金这两项金额很小甚至没有。

如果筹资活动现金流入金额很小，而筹资活动现金流出主要以分配股利占大额，则筹资活动现金流量净额常常为负。

从现金流量表结构分析企业经营状况

现金流量表结构分析又称为编制百分数现金流量表，即分别计算出现金流量表各项现金流入、流出及净值占现金总流入、流出及净值的比重。这样可以进一步帮助投资者了解企业的财务结构状况，分析企业真实的经营情况。

企业现金流量结构分析主要包括三个方面：一是现金流入内部结构分析；二是现金流出内部结构分析；三是现金净流量结构分析。

（1）现金流入内部结构分析

现金流入内部结构指企业经营、投资和筹资三项活动分别产生的现金流入量占现金流入总量的内部结构比率。通过对其分析，以便掌握和理解各项活动产生的现金流入对支撑企业经营活动的现金供应情况，分析经营活动产生的现金流是否得到增强或形成结构上的绝对优势。计算公式如下：

经营活动现金流入比重 = 经营活动现金流入量 ÷ 现金流入总量

投资活动现金流入比重 = 投资活动现金流入量 ÷ 现金流入总量

筹资活动现金流入比重 = 筹资活动现金流入量 ÷ 现金流入总量

对于企业来说，经营活动为企业的主营业务，所以企业的经营活动现金流入比重应该最重。一般来说，经营活动现金流入比重大的企业，经营状况更好，财务风险更低，企业的现金流入结构也更合理。

表 6-3 为某酒业公司 2019 年现金流量表。

表 6-3　某酒业公司 2019 年现金流量表

单位：元

项　　目	2019 年度	2018 年度
一、经营活动产生的现金流量：		
销售商品、提供劳务收到的现金	1 029 410 765.35	1 014 446 645.53
收到的税费返还	152 481.35	240 221.18
收到其他与经营活动有关的现金	11 517 688.22	14 542 591.12
经营活动现金流入小计	1 041 080 934.92	1 029 229 457.83
购买商品、接受劳务支付的现金	370 042 121.09	433 223 644.75
支付给职工以及为职工支付的现金	254 953 496.20	254 000 152.81
支付的各项税费	128 309 767.81	124 975 676.44
支付其他与经营活动有关的现金	185 732 816.68	167 521 436.80
经营活动现金流出小计	939 038 201.78	979 720 910.80
经营活动产生的现金流量净额	102 042 733.14	49 508 547.03
二、投资活动产生的现金流量：		
收回投资收到的现金		2 000 000.00
取得投资收益收到的现金		489 956.81

续表

项目	2019 年度	2018 年度
处置固定资产、无形资产和其他长期资产收回的现金净额	1 338 227.25	267 224.29
处置子公司及其他营业单位收到的现金净额		
收到其他与投资活动有关的现金	135 895 295.51	19 501 180.35
投资活动现金流入小计	**137 233 522.76**	**22 258 361.45**
购建固定资产、无形资产和其他长期资产支付的现金	36 964 781.12	9 983 732.45
投资支付的现金		
取得子公司及其他营业单位支付的现金净额		
支付其他与投资活动有关的现金	130 000 000.00	70 000 000.00
投资活动现金流出小计	**166 964 781.12**	**79 983 732.45**
投资活动产生的现金流量净额	**-29 731 258.36**	**-57 725 371.00**
三、筹资活动产生的现金流量:		
吸收投资收到的现金		
取得借款收到的现金	29 980 000.00	
收到其他与筹资活动有关的现金		
筹资活动现金流入小计	**29 980 000.00**	
偿还债务支付的现金	29 980 000.00	0.00
分配股利、利润或偿付利息支付的现金	1 979 780.63	27 608 170.39
支付其他与筹资活动有关的现金		
筹资活动现金流出小计	**31 959 780.63**	**27 608 170.39**

续表

项目	2019 年度	2018 年度
筹资活动产生的现金流量净额	-1 979 780.63	-27 608 170.39
四、汇率变动对现金及现金等价物的影响	-28.81	25 217.47
五、现金及现金等价物净增加额	70 331 665.34	-35 799 776.89
加：期初现金及现金等价物余额	235 046 751.27	270 846 528.16
六、期末现金及现金等价物余额	305 378 416.61	235 046 751.27

根据表 6-3 内容分别计算该公司 2019 年度经营活动、投资活动以及筹资活动的现金流入比重，计算结果如下：

经营活动现金流入比重=1 041 080 934.92÷(1 041 080 934.92+137 233 522.76+29 980 000.00)×100% ≈ 86.16%

投资活动现金流入比重 =137 233 522.76÷（1 041 080 934.92+137 233 522.76+29 980 000.00）×100% ≈ 11.36%

筹资活动现金流入比重 =29 980 000.00÷（1 041 080 934.92+137 233 522.76+29 980 000.00）×100% ≈ 2.48%

从计算结果可以看出，该企业在 2019 年度的现金流入中，经营活动现金流入占比 86.16%，投资活动占比 11.36%，筹资活动占比 2.48%。说明在 2019 年度该企业流入的现金，主要来自企业主营业务的经营活动，其次来自投资活动，筹资活动只占了很小一部分。

根据占比情况来看，这样的现金流入结构是比较合理的，说明企业的经营状况良好，且财务风险较低。并且在经营活动中，现金流入主要来自销售商品、提供劳务收到的现金，占比 98.88%，说明该企业的主营业务突出，企业的经营状况良好。

而在投资活动中，现金流入主要来自收到其他与投资活动有关的现金；在筹资活动中，现金流入主要来自取得借款收到的现金，由此看来，企业的现金流入增加还是主要依靠企业的主营业务。

（2）现金流出内部结构分析

现金流出内部结构分析指企业经营、投资和筹资三项活动分别产生的现金流出量占现金流出总量的内部结构比率。

通过该分析，可以帮助投资者了解企业各项活动的现金流出结构比重以及比重变化对企业资金供需平衡产生的影响。具体的计算公式如下：

经营活动现金流出比重 = 经营活动现金流出量 ÷ 现金流出总量

投资活动现金流出比重 = 投资活动现金流出量 ÷ 现金流出总量

筹资活动现金流出比重 = 筹资活动现金流出量 ÷ 现金流出总量

通常来说，在现金流出占比分析中，企业的经营活动现金流出在现金流出总额中的比重越大，说明企业经营活动越活跃，主营业务是企业现金流的主要流通方向。

结合前面某酒业公司的现金流量表，计算该公司2019年度各项活动现金流出占比情况，具体计算如下。

经营活动现金流出比重 =939 038 201.78 ÷（939 038 201.78+166 964 781.12+31 959 780.63）×100% ≈ 82.52%

投资活动现金流出比重 =166 964 781.12 ÷（939 038 201.78+166 964 781.12+31 959 780.63）×100% ≈ 14.67%

筹资活动现金流出比重 =31 959 780.63 ÷（939 038 201.78+166 964 781.12+31 959 780.63）×100% ≈ 2.81%

根据计算结果可以看出，该企业在2019年度现金流出中，经营活动现金流出占比 82.52%，投资活动现金流出占比 14.67%，筹资活动现金流出占比 2.81%，说明该企业 2019 年度的现金流出基本上用于经营活动，小部分用于投资活动，极少部分用于筹资活动。

根据该企业的现金流出占比情况来看，其生产经营状况比较正常，现金流出结构合理。

因为该企业为酿酒行业，需要大量买进生产材料，所以在经营活动现金流出中，购买商品、接受劳务支付的现金占比较重，为 39.41%，其次是支付给职工以及为职工支付的现金占比 27.15%。

与 2018 年的 3 个活动的现金流出占比情况之间相比，会有什么变化呢？下面计算 2018 年度各项活动现金流出占比情况，具体计算如下：

经营活动现金流出比重 =979 720 910.80÷（979 720 910.80+79 983 732.45+27 608 170.39）×100% ≈ 90.10%

投资活动现金流出比重 =79 983 732.45÷（979 720 910.80+7 998 332.45+27 608 170.39）×100% ≈ 7.36%

筹资活动现金流出比重 =27 608 170.39÷（979 720 910.80+79 983 732.45+27 608 170.39）×100% ≈ 2.54%

根据计算结果可以看到，相比 2018 年度，2019 年度的经营活动现金流出比重明显减小，投资活动现金流出明显增加，说明该企业的投资活动越来越活跃，企业有意扩大投资，以拓展获利渠道。

（3）现金净流量结构分析

现金净流量结构指经营、投资和筹资 3 项活动产生的现金流量净额在现金及现金等价物增加额中的构成和所占比重，又称为现金余额结构，它反映企业的现金净流量的分布情况，可以看出企业的收支是否平衡。具体计算公式如下：

经营活动现金流量净额比重 = 经营活动产生的现金流量净额 ÷ 现金净额总量

投资活动现金流量净额比重 = 投资活动产生的现金流量净额 ÷ 现金净额总量

筹资活动现金流量净额比重 = 筹资活动产生的现金流量净额 ÷ 现金净额总量

如上述某酒业公司的现金流量表，根据表格数据我们可以计算出 2019 年度各活动的现金流量净额比重情况，如下所示：

经营活动产生的现金流量净额 =102 042 733.14÷（102 042 733.14−29 731 258.36−1 979 780.63）×100% ≈ 145.09%

投资活动产生的现金流量净额比重 =（−29 731 258.36）÷（102 042 733.14−29 731 258.36−1 979 780.63）×1005 ≈ −42.27%

筹资活动产生的现金流量净额比重 =（−1 979 780.63）÷（102 042 733.14−29 731 258.36−1 979 780.63）≈ −2.81%

根据计算结果可以看出，该企业在 2019 年度现金流量净额中，经营活动产生的现金流量净额占比 145.09%，投资活动产生的现金流量净额占比 −42.27%，筹资活动产生的现金流量净额占比 −2.81%。说明该企业的现金流量净额全部来自经营活动产生的现金流入，进而说明该企业的经营业务具有较强的变现能力。

需要注意的是，虽然企业的经营状况良好，但是企业一方面在偿还之前的债务，另一方面还在继续投资，所以应及时关注企业经营状况的变化，防止财务状况由优转劣。

（4）流入与流出比分析

流入流出比分析指分析企业现金的流入量与流出量之比，具体分析时通常按照每项活动进行单独分析，可以反映出企业每项活动的现金流动情况。计算公式如下。

经营活动流入流出比 = 经营活动现金流入量 ÷ 经营活动现金流出量

投资活动流入流出比 = 投资活动现金流入量 ÷ 投资活动现金流出量

筹资活动流入流出比 = 筹资活动现金流入量 ÷ 筹资活动现金流出量

如上述某酒业公司的现金流量表，根据表格数据我们可以分析 2019 年度各活动的现金流入流出比，如下所示：

经营活动流入流出比 =1 041 080 934.92 ÷ 939 038 201.78 ≈ 1.11

根据计算结果可知经营活动现金流入流出比为 1.11，说明该企业的经营业务处于正常发展状态。对于一个正常发展的企业来说，经营活动现金流入流出比率应大于 1，且越大越好。

投资活动流入流出比 =137 233 522.76 ÷ 166 964 781.12 ≈ 0.82

根据计算结果可知投资活动现金流入流出比为 0.82，公司投资活动引起的现金流出较大，表明公司很可能正处于扩张时期。一般而言，处于发展时期的公司此值比较小，而处于衰退期或缺少投资机会时此值较大。

筹资活动流入流出比 =29 980 000.00 ÷ 31 959 780.63 ≈ 0.94

根据计算结果可知筹资活动现金流入流出比为 0.94，表明企业的还款支出明显大于借款收入。

如果筹资活动中现金流入系举债获得，说明该公司很可能存在借新债还旧债的现象。

进一步查看现金流量表质量情况

现金流量表质量指企业的现金流量能够按照预期目标进行循环的效果，现金流量的质量也直接体现了企业的经营状况的财务状况，能够为投资者进一步的判断、评估提供依据。

企业现金流量表质量分析也需要根据现金流量表的结构，从经营、投资和筹资三个方面来入手。

（1）经营活动产生的现金流量分析

经营活动产生的现金流量是企业的主要现金流量构成，也是判断企业是否正常经营的关键，需要对其做重点分析。

①将销售商品、提供劳务收到的现金与购进商品、接受劳务付出的现金进行比较。比率大，说明企业的销售利润大，销售回款良好，创现能力强。

②将销售商品、提供劳务收到的现金与经营活动流入的现金总额比较，比重大，说明企业主营业务突出，营销状况良好。

③比较分析当期的经营活动产生的现金净流量与上年同期的经营活动现金净流量看是否与利润增长速度接近或同步增长，增长率越高，说明企业成长性越好。

（2）投资活动产生的现金流量分析

企业开展投资活动主要有三个方面的原因，具体如下所示。

①为了企业正常经营的需要，例如购建固定资产、无形资产和其他长期

资产等。

②企业为了对外扩张，进一步发展而进行的权益性投资和债权性投资。

③将企业中暂时不用的闲置货币资金进行短期投资，提高资金利用率，以求得到更高的投资收益。

在这三个原因中，第一个和第二个投资原因应该与企业的长期规划和短期计划保持一致性，而第三个很多时候都是企业的一种短期理财计划。

所以，在符合企业长期和短期计划的前提下，如果投资活动产生的现金流量为负数，通常情况下都是因为企业挖掘利润增长点、扩大投资行为产生的结果。

实务中，必须对企业投资活动的现金流量产生的原因进行具体的分析。

①分析用于购置固定资产、无形资产和其他长期资产支付的现金是否符合资本支出预算。

②分析用于购置固定资产、无形资产和其他长期资产支付的现金是否过度占用了流动资金。

③分析对外投资支付的现金是否符合审批程序，有无投资风险。

④观察投资收益、收回投资取得的现金等是否已经按分配方案足额获得利益。

⑤分析处置固定资产等长期资产收到的现金是否按交易价格足额收尽，并与其账面价值比较，评估处置方案对企业利益的影响。

（3）筹资活动产生的现金流量分析

筹资活动包括吸收投资、发行股票、借入和偿还资金、分配利润等活动。筹资活动产生的现金流量反映了企业投资与分配、借款与偿还债务等筹资活动的现金流向情况。

一般来说，筹资活动产生的现金净流量越大，企业面临的偿债压力也越大，但如果现金净流入量主要来自企业吸收的权益性资本，则不仅不会面临偿债压力，资金实力反而更强。

因此，在分析时，可将吸收权益性资本收到的现金与筹资活动现金总流入比较，所占比重大，说明企业资金实力较强，财务风险较低。

另外，针对筹资活动中的具体项目，还要对以下两点做重点查看。

◆ 查看筹资活动中的借入资金与偿还债务支付的现金是否存在差异过度的情况。

◆ 查看借入资金是否适度、适时，与现存货币资金比较分析是否存在资金冗余或浪费。

从现金流量表查看企业的偿债能力

分析企业的偿债能力对投资者来说，其重要性不言而喻。而现金流量表作为反映企业现金收支情况的重要财务报表，是投资者们分析企业偿债能力的主要依据。

虽然可以借助资产负债表，通过流动比率、速动比率衡量资产的流动性和偿债能力，但是这样的分析局限性较大。因为真正用于债务偿还的最终还是现金，所以借助现金流量表可以更好地分析企业的偿债能力。分析企业的偿债能力主要通过下列指标来实现。

◆ 现金比率

这里的现金比率是现金及现金等价物的期末余额与期末流动负债之比，与本书第 4 章介绍的现金比率有区别，该现金比率可以更精准地反映企业的偿债能力大小。计算公式为如下：

现金比率 = 现金及现金等价物期末余额 ÷ 期末流动负债

现金比率是所有偿还指标，如资产负债率、流动比率、速动比率中最直接、最现实的指标，它能准确真实地反映出现金及现金等价物对流动负债的担保程度。当指标大于或等于 1 时，说明企业即期债务可以得到顺利偿还，比率越高担保程度越高，反之，则说明偿债能力较弱。

◆ 现金负债总额比率

现金负债总额比率是经营活动现金流量净额与全部负债之比，说明企业经营活动现金流量的偿还能力大小。计算公式如下：

现金负债总额比率 = 经营活动现金流量净额 ÷ 全部负债

现金负债总额比率反映企业在某一会计期间每 1 元负债由多少经营活动现金流量净额来偿还，它反映企业的偿债能力，比率越高，说明偿还债务的能力越强；反之，则说明偿还能力越差。

◆ 现金流动负债比率

现金流动负债比率是企业一定时期的经营活动现金流量净额同流动负债总额的比值，它可以从现金流量角度来反映企业当期偿付短期负债的能力。计算公式如下：

现金流动负债比率 = 经营活动现金流量净额 ÷ 流动负债总额

一般该指标大于 1，表示企业流动负债的偿还有可靠保证。该指标越大，表明企业经营活动产生的现金净流量越能保障企业按期偿还到期债务。

但也并不是越大越好，该指标过大则表明企业流动资金利用不充分，盈利能力不强；这一指标偏低，则说明依靠现金偿还短期负债的压力较大。

◆ 到期债务偿付率

到期债务偿付率是经营活动现金流量净额与当年到期的债务总额之比，也反映企业偿债能力的大小。计算公式如下：

到期债务偿付率 = 经营活动现金流量净额 ÷ 当年到期的债务总额 ×100%

到期债务偿付率反映企业在某一会计期间每 1 元到期的负债有多少经营活动现金流量净额来补充。经营活动现金流量是偿还企业债务的主要来源，所以到期债务偿付率越高，说明企业偿还到期债务的能力越强。

◆ 现金到期债务比率

现金到期债务比率是企业经营活动现金流量净额与本期到期的长期债务和应付票据总额的比率，它反映了企业可用现金流量偿付到期债务的能力。计算公式如下：

现金到期债务比率 = 经营活动现金流量净额 ÷ 本期到期的债务

本期到期的债务 = 本期到期长期负债 + 本期应付票据

这里，本期的到期债务指本期即将到期的长期债务和应付票据，到期必须如数偿还，行业内该指标的标准值为 1.5。该比率越高，企业资金流动性越好，企业到期偿还债务的能力就越强。

从现金流量表查看企业的支付能力

支付能力主要指企业除了用现金偿还债务外，用现金支付其他各项开支的能力。通常对企业支付能力的分析，可以从以下三个方面入手。

◆ 普通股每股净现金流量

该指标指经营活动现金流量净额与流通在外普通股股数之比，用来反映企业支付股利和资本支出的能力。计算公式如下：

普通股每股净现金流量 = 经营活动现金流量净额 ÷ 流通在外的普通股股数

一般来说，该比率越大，企业支付股利的能力及资本支出能力越强。

◆ 支付现金股利的净现金流量

支付现金股利的净现金流量指经营活动现金流量净额与现金股利之比，用来反映企业年度内使用经营活动现金流量净额支付现金股利的能力。计算公式如下：

支付现金股利的净现金流量 = 经营活动的现金流量净额 ÷ 现金股利

支付现金股利的净现金流量越大，企业支付现金股利的能力越强；反之，则会形成支付风险。

◆ 综合支付能力

综合支付能力主要指通过经营活动现金流量净额与股本之比，反映了企业的支付能力大小。计算公式如下：

综合支付能力 = 经营活动现金流量净额 ÷ 股本

综合支付能力值越高，说明企业的综合支付能力就越强；反之，则说明企业综合支付能力较弱。

从现金流量表查看企业的盈利能力

现金流量表反映了企业的财务状况，更透露出了企业的盈利能力。投资者需要重点分析企业的盈利能力，判断该企业是否具有投资发展的潜力。结合现金流量表，企业的盈利能力主要通过五个指标来查看。

◆ 销售现金比率

销售现金比率指经营现金净流入（即经营活动现金流量净额）和销售收入的比值，该指标反映企业销售质量的高低。计算公式如下：

销售现金比率 = 经营现金净流入 ÷ 销售收入

该比率反映每 1 元销售收入得到的现金流量净额，数值越大越好，表明企业的收入质量越好，资金利用效果越好。

◆ 每股营业现金净流量

每股营业现金净流量指本期经营活动现金流量净额与股本总额的比值，反映了企业对现金股利的最大限度分派能力。计算公式如下：

每股营业现金净流量 = 经营活动现金流量净额 ÷ 普通股股数

经营活动现金流量净额 = 经营活动产生的现金流入 −
经营活动产生的现金流出

每股营业现金净流量值为正数且较大时，派发的现金股利的期望值就越大；如果为负值，派发股利的压力就较大。

◆ 全部资产现金回收率

全部资产现金回收率是经营活动现金流量净额与全部资产的比率，反映了企业全部资产产生现金的能力。计算公式如下：

全部资产现金回收率 = 经营活动现金流量净额 ÷ 平均资产总额

平均资产总额 =（期初资产总额 + 期末资产总额）÷ 2

全部资产现金回收率的值越大越好，比值越大说明资产利用效率越好，利用资产创造的现金流入越多，整个企业获取现金的能力越强，经营管理水平越高。

反之，则经营管理水平越低，经营者有待提高管理水平，进而提高企业的经济效益。

◆ 创造现金能力

创造现金能力指企业经营活动现金流量净额与企业净资产之比，反映的是投资者投入资本创造现金的能力，计算公式如下：

创造现金能力 = 经营活动现金流量净额 ÷ 净资产

该比值越高，说明企业投资者投入资本创造现金的能力越强；反之，则说明企业投资者投入资本创造现金的能力较弱。

◆ 现金股利支付保证率

现金股利支付保证率指企业经营活动产生的现金流量净额与企业实际发放的现金股利的比率，计算公式如下：

现金股利支付保证率 = 经营活动产生的现金流量净额 ÷ 现金股利

现金股利支付保证率越大，说明企业利用经营活动的现金流量净额支付现金股利的能力越强；现金股利支付保证率越小，说明企业经营活动的现金流量净额支付现金股利的能力越弱。

根据现金流量表做股权投资

如今股权投资并非新鲜事儿，随着股权众筹平台的推广和普及，越来越多的人投身于股权投资中。股权众筹指的是融资公司出让一定比例的股份，面向普通投资者。投资者通过出资入股公司，获得未来收益，这种基于互联网渠道而进行的融资模式就是股权众筹。

投资者做股权投资除了看项目本身是否具备发展潜力外，更重要的是看企业自身的发展情况是否值得投资入股，换句话说，就是能否为自己的投资带来高额的回报。

因此，股权投资离不开对被投资企业财务报表的查看和分析。现金流量表作为三大财务报表之一，能帮助投资者了解企业的财务状况。

××酒店集团是一家新三板挂牌企业，为××酒店的分店项目，酒店在某股权众筹平台发起股权众筹。

①项目名称：××酒店惠州店。

②项目状况：楼体总建筑面积 21 096 ㎡，酒店面积 11 460+300 ㎡，停车位共 86 个。

③项目具体内容见表 6-4。

表 6-4　项目内容

酒店客房类型	房间数	面积（m^2）	床（m）
商务大床房	11	25	1.8×2
豪华单人间	60	38	1.8×2

续表

酒店客房类型	房间数	面积（m^2）	床（m）
豪华双人房	37	38	1.2×2×2（张）
浪漫圆床房	20	38	2×2
高级双人房	19	38	1.5×2×2（张）
商务套房	11	50	1.8×2
行政套房	9	50	1.8×2
复式套房	32	50	1.8×2
总统商务套房	1	90	1.8×2
总统行政套房	1	130	1.8×2
客房总数	201		

④项目特色：全新装修，内设智能投影、音波床垫等科技设备，智能开房，微信开门，无卡取电，自动开关窗以及夜晚温度调控等，实现客房设备手机一键掌握。酒店以“五星级装修，二星级消费”为特色，给客人智能入住的新体验。

该项目是否值得投资呢？下面我们通过现金流量表来看看。表 6-5 为 ×× 酒店的现金流量表数据。

表 6-5 现金流量表

单位：万元

指标 / 报告期	2019 年 12 月 31 日	2019 年 6 月 30 日
一、经营活动产生的现金流量：		
销售商品、提供劳务收到的现金	11 170.14	5 554.30
收到的税费返还		3.81

续表

指标／报告期	2019 年 12 月 31 日	2019 年 6 月 30 日
收到其他与经营活动有关的现金	129.86	134.42
经营活动现金流入小计	**11 300.00**	**5 692.53**
购买商品、接受劳务支付的现金	6 702.33	2 960.94
支付给职工以及为职工支付的现金	2 899.16	1 254.86
支付的各项税费	269.67	316.41
支付其他与经营活动有关的现金	2 028.84	1 027.34
经营活动现金流出小计	**11 900.00**	**5 559.55**
经营活动产生的现金流量净额	**-600.00**	**132.97**
二、投资活动产生的现金流量：		
收回投资收到的现金	1 450.00	1 390.01
取得投资收益收到的现金	-1 142.29	-565.99
处置固定资产、无形资产和其他长期资产收回的现金净额	1 866.72	2.27
处置子公司及其他营业单位收到的现金净额	25.91	572.21
收到其他与投资活动有关的现金		
投资活动现金流入小计	**2 200.34**	**1 398.50**
购建固定资产、无形资产和其他长期资产支付的现金	2 258.63	956.84
投资支付的现金	1 084.00	450.00
取得子公司及其他营业单位支付的现金净额		

续表

指标 / 报告期	2019 年 12 月 31 日	2019 年 6 月 30 日
支付其他与投资活动有关的现金		557.56
投资活动现金流出小计	**3 342.63**	**1 964.39**
投资活动产生的现金流量净额	**-1 142.29**	**-565.89**
三、筹资活动产生的现金流量：		
吸收投资收到的现金		
取得借款收到的现金	6 900.00	5 750.00
收到其他与筹资活动有关的现金	1 590.00	788.00
筹资活动现金流入小计	**8 490.00**	**6 538.00**
偿还债务支付的现金	6 170.82	5 750.00
分配股利、利润或偿付利息支付的现金	316.66	151.79
支付其他与筹资活动有关的现金	398.09	109.16
筹资活动现金流出小计	**6 885.57**	**6 010.95**
筹资活动产生的现金流量净额	**1 604.43**	**527.05**
四、汇率变动对现金及现金等价物的影响	398.08	9.16
五、现金及现金等价物净增加额	−144.08	94.03
加：期初现金及现金等价物余额	317.54	223.51
六、期末现金及现金等价物余额	**173.46**	**317.54**

注：该表中的数据涉及四舍五入，因此部分数据细微存在出入。

1. 现金流入内部结构分析

经营活动现金流入比重：11 300.00÷（11 300.00+2 200.34+8 490.00）×100%≈51.39%

投资活动现金流入比重：2 200.34÷（11 300.00+2 200.34+8 490.00）×100%≈10.01%

筹资活动现金流入比重：8 490.00÷（11 300.00+2 200.34+8 490.00）×100%≈38.61%

从计算结果来看，经营活动作为企业的主营业务，在企业的现金流入中占比最重，说明企业的财务状况比较正常。另外，企业处于初创期或发展期时，需要大量资金，所以筹资活动的现金流入比重也较大。

2. 现金流量净额分析

根据表格数据内容可以看到，经营活动现金流量净额为负数，投资活动现金净额也为负数，筹资活动现金流量净额为正数，说明该企业正处于初创期。在这一阶段中，企业需要投入大量的资金，开拓市场，其资金来源只有举债和融资活动。

3. 现金流出内部结构分析

经营活动现金流出比重：11 900.00÷（11 900.00+3 342.63+6 885.57）×100%≈53.78%

投资活动现金流出比重：3 342.63÷（11 900.00+3 342.63+6 885.57）×100%≈15.11%

筹资活动现金流出比重：6 885.57÷（11 900.00+3 342.63+6 885.57）×100%≈31.12%

根据计算结果可以看出，该企业在2019年度现金流出中，经营活动现金流出占比53.78%，投资活动现金流出占比15.11%，筹资活动现金流出占比

31.12%，说明该企业 2019 年度的现金流出大部分用于经营活动和筹资活动，小部分用于企业的投资活动。

4. 现金流入流出比分析

①经营活动流入流出比：11 300.00 ÷ 11 900.00 ≈ 0.95

根据计算结果可知，经营活动现金流入流出比约为 0.95，说明该企业的经营业务现金流入流出比偏低。

②投资活动流入流出比：2 200.34 ÷ 3 342.63 ≈ 0.66

根据计算结果可知投资活动现金流入流出比约为 0.66，企业投资活动引起的现金流出较大，表明企业正处于扩张时期。

③筹资活动流入流出比：8 490.00 ÷ 6 885.57 ≈ 1.23

根据计算结果可知筹资活动现金流入流出比约为 1.23，表明借款额度明显大于还款。

结合该企业的资产负债表，进一步分析企业偿债能力和盈利能力，表 6-6 为该企业的资产负债表。

表 6-6　资产负债表摘要

单位：万元

资产负债表指标	2019 年 12 月 31 日	2019 年 6 月 30 日
货币资金	79.42	317.54
交易性金融资产		
应收票据及应收账款	466.57	514.80
其中：应收票据		
应收账款	466.57	514.80
预付款项	825.18	1 238.83

续表

资产负债表指标	2019 年 12 月 31 日	2019 年 6 月 30 日
应收利息		
其他应收款		
存货	171.78	151.56
合同资产		
其他流动资产	59.60	260.12
流动资产合计	**9 306.05**	**4 873.97**
非流动资产		
其他权益工具投资	10.00	10.00
固定资产合计	1 552.15	1 867.22
非流动资产合计	**13 600.00**	**19 500.00**
资产合计	**22 900.00**	**24 400.00**
流动负债		
短期借款	120.00	455.00
应付票据及应付账款	639.35	229.45
其中：应付账款	639.35	229.45
预收款项	346.27	301.82
应付职工薪酬	228.08	22.41
一年内到期的非流动负债	480.00	

续表

资产负债表指标（万元）	2019 年 12 月 31 日	2019 年 6 月 30 日
流动负债合计	3 089.70	3 085.12
非流动负债		
长期借款	4 064.18	3 480.00
其他非流动负债	2 400.00	
非流动负债合计	6 464.18	3 480.00
负债合计	9 553.88	6 565.12
所有者权益		
实收资本	13 000.00	13 000.00
资本公积	1 729.76	1 733.64
盈余公积	263.63	263.63
未分配利润	−2 260.17	1 828.00
归属于母公司股东权益合计	12 800.00	16 900.00
少数股东权益	531.66	912.62
股东权益合计	13 300.00	17 800.00
负债和股东权益合计	22 900.00	24 400.00

注：该表中的数据涉及四舍五入，因此部分数据可能存在细微出入。

5. 企业的偿债能力分析

现金比率 =173.46 ÷ 3 089.70 ≈ 0.06

现金负债总额比率 =−606.22 ÷ 9 553.88 ≈ −0.06

现金流动负债比率 =−606.22÷3 089.70 ≈ −0.20

到期债务偿付率 =−606.22÷480.00 ≈ −1.26

从上述计算结果来看，该企业用经营活动的现金流量净额偿还债务的负担较重，企业的偿债能力较弱。

6. 企业的盈利能力分析

假设销售收入全部为现金收入。

销售现金比率 =−606.22÷11 200.00 ≈ −0.05

全部资产现金回收率 =−606.22÷[（22 900.00+24 400.00）÷2] ≈ 0.03

创造现金能力 =−606.22÷13 300.00 ≈ −0.05

综合上述计算结果来看，该企业具有一定程度的财务危机，因为负债过重，企业偿债能力不高，存在还款危机，主营业务盈利能力较低。

当然，这种情况在发展扩张阶段的企业中，比较常见，但是对于投资者而言，对这样的企业进行股权投资风险性较大。投资者还应该结合其他方面来考虑该企业项目的投资可行性。

另外，股权投资风险较大时，作为投资者尤其需要注意以下三点。

①量力而为。股权投资是一项高风险、高回报的投资项目，投资者应该根据自己的风险承受能力，合理选择项目。

②投资期限。股权投资的期限较长，大部分的股权投资都超过一年，普遍在 1—3 年，有的甚至长达 10 年，因此，投资者在投资之前要尤其注意股权投资的期限。

③全方位了解。投资者在投资之前要全方位了解并评估被投资企业，除了企业的财务报告之外，还包括企业管理人的经营能力和企业发展方向等。

第7章

看股东权益变化情况做投资安排

一个值得投资的企业应该是对股东有较好的态度，愿意与股东分享利润的企业，因此在股票价值投资中，选择上市企业时不仅要考虑企业的经营、盈利情况，还要考虑企业对待股东的态度，而所有者权益变动表可以帮助投资者全面查看企业对待股东的态度。

所有者权益变动表结构解读

所有者权益变动表指反映所有者权益的各组成部分当期的增减变动情况的报表。因此，所有者权益变动表解释了在某一特定时间内，股东权益如何因为企业经营的盈亏及现金股利的发放而发生变化，由此也可以看出企业管理层是否能够公平、公正地对待股东。

所有者权益变动表包括表首、正表两部分。表首说明报表名称、编制单位、编制日期、报表编号、货币名称和计量单位等。

正表是所有者权益变动表的主体部分，具体说明股东权益增减变动的各项内容，包括股本的变动、资本公积的变动、盈余公积的变动以及利润分配的变动等。每个项目中，又分为年初余额、本年增加数、本年减少数和年末余额四个小项，每个小项中又分别按具体情况列示其不同内容。

股东权益增减变动表各项目应根据“股本”“资本公积”“盈余公积”“未分配利润”等科目的发生额分析填列。

所有者权益变动表至少应当单独列示反映下列信息的项目。

- 综合收益总额，在合并所有者权益变动表中还应单独列示归属于母公司所有者的综合收益总额和归属少数股东的综合收益总额。
- 会计政策变更和前期差错更正的累积影响金额。
- 所有者投入资本和向所有者分配利润等。
- 按照规定提取的盈余公积。
- 实收资本（或股本）、资本公积、盈余公积、未分配利润等各组成部分的期初和期末余额及其调节情况。

在填制时，所有者权益变动表中的各项目均需填列“本年金额”和“上年金额”两栏。所有者权益变动表“上年金额”栏内各项数字，应根据上年度所有者权益变动表“本年金额”栏内所列数字填列。上年度所有者权益变动表规定的各个项目的名称和内容同本年度不一致的，应对上年度所有者权益变动表各项目的名称和数字按照本年度的规定进行调整，再填入所有者权益变动表的“上年金额”栏内。

所有者权益变动表“本年金额”栏内各项数字一般应根据“实收资本(或股本)”“资本公积”“盈余公积”“利润分配”“库存股”和“以前年度损益调整”科目的发生额分析填列。

图 7-1 为所有者权益变动表结构图。

项目	本年金额						
	实收资本（或股本）	资本公积	减：库存股	专项储备	盈余公积	未分配利润	所有者权益合计
一、上年年末余额							
加：会计政策变更							
前期差错更正							
其他							
二、本年年初余额							
三、本年增减变动金额（减少以“-”号填列）							
（一）净利润							
（二）其他综合收益							
上述（一）和（二）小计							
（三）所有者投入和减少资本							
1. 所有者投入资本							
2. 股份支付计入所有者权益的金额							
3. 其他							
（四）利润分配							
1. 提取盈余公积							
2. 提取一般风险准备							
3. 对所有者（或股东）的分配							
4. 其他							
（五）所有者权益内部结转							
1. 资本公积转增资本（或股本）							
2. 盈余公积转增资本（或股本）							
3. 盈余公积弥补亏损							
4. 其他							
（六）专项储备							
1. 提取专项储备							
2. 使用专项储备							
四、本年年末余额							

图 7-1　所有者权益变动表

所有者权益变动表中具体的项目内容如下所示。

（1）“上年年末余额”项目

反映上年资产负债表中实收资本（或股本）、资本公积、库存股、盈余公积和未分配利润的年末余额。

（2）“会计政策变更”和“前期差错更正”项目

分别反映采用追溯调整法处理的会计政策变更的累积影响金额和采用追溯重述法处理的会计差错更正的累积影响金额。

（3）“本年增减变动额”项目

①“净利润”，反映企业当年实现的净利润（或净亏损）金额。

②“其他综合收益”，反映企业当年直接计入所有者权益的利得和损失金额。

- “可供出售金融资产公允价值变动净额”，反映企业持有的可供出售金融资产当年公允价值变动的金额。
- “权益法下被投资单位其他所有者权益变动的影响”，反映企业对按照权益法核算的长期股权投资，在被投资单位除当年实现的净损益以外其他所有者权益当年变动中应享有的份额。
- “与计入所有者权益项目相关的所得税影响”，反映企业根据《企业会计准则第18号——所得税》规定应计入所有者权益项目的当年所得税影响金额。

③“所有者投入和减少资本”，反映企业当年所有者投入的资本和减少的资本。

- “所有者投入资本”，反映企业接受投资者投入形成的实收资本（或股本）和资本溢价或股本溢价。

◆ “股份支付计入所有者权益的金额”，反映企业处于等待期中的权益结算的股份支付当年计入资本公积的金额。

（4）“利润分配”项目

反映企业当年的利润分配金额。

①“提取盈余公积”，反映企业按照规定提取的盈余公积。

②“对所有者（或股东）的分配”，反映对所有者（或股东）分配的利润（或股利）金额。

（5）“所有者权益内部结转”项目

反映企业构成所有者权益的组成部分之间的增减变动情况。

①“资本公积转增资本（或股本）”，反映企业以资本公积转增资本或股本的金额。

②“盈余公积转增资本（或股本）”，反映企业以盈余公积转增资本或股本的金额。

③“盈余公积弥补亏损”，反映企业以盈余公积弥补以前年度亏损的金额。

掌握所有者权益变动表分析方法

所有者权益变动表实际上是为了保护投资者利益而专门设立的一张表格，表中向投资者清楚地列示了所有者权益具体项目的变动情况。

因此，投资者得到所有者权益变动表后，首先要学会从整体上对表格数据进行分析，了解所有者权益变动表各项目中的增减变动信息。

分析所有者权益变动表通常有两种方法，即水平分析法和垂直分析法，下面我们一一来看。

（1）水平分析法

所有者权益变动表水平分析指将所有者权益变动表中各个项目的本期数与上期数进行对比，指出企业当期所有者权益各个项目的水平及其变动情况，从而说明企业净资产的变动原因，进而做出是否投资的决策。

某公司所有者权益变动水平分析表，见表 7-1。

表 7-1　所有者权益变动水平分析表

项　　目	2019 年	2018 年	变动额	变动率
一、上年年末余额	630 484 722.47	418 916 656.85	211 568 065.62	50.5%
加：会计政策变更				
前期差错更正				
二、本年年初余额	630 484 722.47	418 916 656.85	211 568 065.62	50.5%
三、本年增减变动金额（减少以“–”填列）	954 892 809.59	211 568 065.62	743 324 743.97	351.34%
（一）综合收益	286 062 809.59	211 568 065.62	74 494 743.97	35.21%
（二）所有者投入和减少资本	698 830 000.00		698 830 000.00	
1. 所有者投入的普通股	698 830 000.00		698 830 000.00	
2. 其他权益工具持有者投入资本				
3. 股份支付计入所有者权益的金额				
4. 其他				
（三）利润分配	–30 000 000.00		–30 000 000.00	

续表

项　目	2019 年	2018 年	变动额	变动率
1. 提取盈余公积				
2. 提取一般风险准备				
3. 对所有者(或股东的分配)	−30 000 000.00		−30 000 000.00	
4. 其他				
（四）所有者权益内部结转				
1. 资本公积转增资本（或股本）				
2. 盈余公积转增资本（或股本）				
3. 盈余公积弥补亏损				
4. 设定受益计划变动额结转留存收益				
5. 其他综合收益结转留存收益				
6. 其他				
（五）专项储备				
1. 本期提取				
2. 本期使用				
四、本期期末余额	1 585 377 532.06	630 484 722.47	954 892 809.59	151.45%

从表 7-1 看到，该公司 2019 年比 2018 年所有者权益增加了 954 892 809.59，增幅达到了 151.45%. 从影响项目来看，最主要的原因是所有者投入的普通股变动，增加 698 830 000.00 元，说明 2019 年该公司发行了普通股，实现了资本的大幅度增加。

（2）垂直分析法

所有者权益变动表的垂直分析是计算所有者权益各个项目变动占所有者权益变动总额的比重，并进行分析评价，从而说明企业当期所有者权益各个项目的比重以及变动情况，并解释企业净资产构成变动的原因。

某公司所有者权益变动垂直分析表，见表7–2。

表7–2 所有者权益变动垂直分析表

项　　目	2019年	2018年	变动额	变动额占比
一、上年年末余额	349 827 228.30	231 752 062.67	118 075 165.63	33.75%
加：会计政策变更				
前期差错更正				
二、本年年初余额	349 827 228.30	231 752 062.67	118 075 165.63	33.75%
三、本年增减变动金额（减少以“–”填列）	372 697 169.84	118 075 165.63	254 622 004.21	68.32%
（一）综合收益	372 697 169.84	118 075 165.63	254 622 004.21	68.32%
（二）所有者投入和减少资本				
1. 所有者投入的普通股				
2. 其他权益工具持有者投入资本				
3. 股份支付计入所有者权益的金额				
4. 其他				
（三）利润分配				
1. 提取盈余公积				
2. 提取一般风险准备				
3. 对所有者（或股东的分配）				

续表

项　　目	2019 年	2018 年	变动额	变动额占比
4. 其他				
（四）所有者权益内部结转				
1. 资本公积转增资本（或股本）				
2. 盈余公积转增资本（或股本）				
3. 盈余公积弥补亏损				
4. 设定受益计划变动额结转留存收益				
5. 其他综合收益结转留存收益				
6. 其他				
（五）专项储备				
1. 本期提取				
2. 本期使用				
四、本期期末余额	722 524 398.14	349 827 228.30	372 697 169.84	100%

从表 7–2 中可以看出，2019 年所有者权益比 2018 年所有者权益增加了 372 697 169.84 元，若以其变动为 100% 进行计算可以看到，在此变动中 68.32% 的变动为综合收益变动，综合收益反映企业净利润与其他综合收益的合计金额，说明企业收益得到了大幅增加，收益情况较好。

所有者权益变动表的指标分析

所有者权益变动表中的指标分析主要是将报表中本期与上期的数值进行比较，或者是将本报表中的项目与利润表中的项目进行比较分析，从而查看企业对股东权益保值、增值的保障情况。另外，通过所有者权益变动表还可以了解企业的盈利水平。

所有者权益变动表中的指标分析主要包括资本保值增值率、所有者财富增长率、股利分配率和留存收益率等，具体如下所示。

（1）资本保值和增值绩效的指标分析

所有者权益变动表可以用来分析企业的资本保值和增值情况，涉及的指标有资本保值增值率和所有者财富增长率等。

◆ 资本保值增值率

资本保值增值率指企业期末所有者权益与期初所有者权益的比率，该比率反映企业在一定会计期间内资本保值增值水平，是评价企业经营绩效的重要指标。

资本保值增值率的计算公式如下：

$$资本保值增值率=期末所有者权益\div期初所有者权益\times100\%$$

对于一个正常运营的企业，资本保值增值率应该大于1，即企业的所有者权益每年应该都有适量的增长，企业才能不断地发展。

◆ 所有者财富增长率

所有者财富增长率指在企业实收资本或股本一定的情况下，附加资本的增长水平。

所有者财富增长率的计算公式如下：

所有者财富增长率 =[（期末每一元实收资本净资产 − 期初每一元实收资本净资产）÷ 期初每元实收资本净资产]×100%

每一元实收资本净资产 = 当期企业净资产 ÷ 股本总额

所有者财富增长率是企业投资者或潜在投资者最为关心的指标，与每股收益一样，该指标集中体现了所有者的投资效益，也可作为投资者对经营者的考核指标。

如A企业的本期期初股本总额为1 022 806 646.00元，期末股本总额不变，本期期末的净资产为2 431 252 756.67元，本期的净资产为2 365 713 752.99元。根据相应的公式可得：

期末每一元实收资本净资产 =2 431 252 756.67 ÷ 1 022 806 646.00=2.38（元）

期初每一元实收资本净资产 =2 365 713 752.99 ÷ 1 022 806 646.00=2.31（元）

所有者财富增长率 =（2.38−2.31）÷ 2.31 × 100%=3.03%。

（2）企业股利分配指标分析

借助所有者权益变动表，还可以通过指标查看股利分配情况，即股利分配率和留存收益率等。

◆ 股利分配率

股利分配率指普通股每股现金股利与每股收益额的比率。它是反映公司的股利政策的指标，表示公司分派的股利在净收益中所占的比重。

股利分配率的计算公式如下：

股利分配率 =（普通股每股现金股利 ÷ 普通股每股收益额）×100%

不同的企业股利分配率会有所不同，具有成长潜力的企业会将利润的较大部分留存下来，而股利分配率就会比较低。

相反，处于成熟期的企业则将利润的较大部分派发给股东，因而股利分配率较高。

股利的分配情况可以看出企业对普通股东的态度，即是否愿意与股东分享利润。

◆ 留存收益率

留存收益率指企业税后盈利减去应发现金股利后的差额与税后盈利的比率，计算公式如下：

留存收益率 = 留存收益 ÷ 净利润 ×100%

留存收益 = 净利润—分配给股东的利润；留存收益率 + 股利分配率 =1

对于稳定发展的企业而言，通常留存收益率应维持在 50% 左右，这是比较合适的。

从股本变动情况判断企业财务状况

查看所有者权益表时，首先需要观察股本变动情况，看是正向变动，还是负向变动，通过股本的变动方向可以查看出企业的财务状况。

如果股本的变动呈现正向，说明该企业的财务状况良好，发展规模正在不断扩大。股本增加通常有以下四种情况。

◆ 增加发行股份，如增发、配股等。

◆ 可转换债券实施转股。

◆ 发行股票股利。

◆ 企业因并购而发行股票。

但如果股本的变动表现负向，说明企业财务状况不好，通常有以下两种情况：

◆ 一是企业为了弥补亏损而减资。

◆ 二是企业缩小经营规模而减资。

但也有的是因为企业成立初期需巨额资金，步入正轨后，资本则有可能过剩，所以需要减资来调整财务结构。

投资者在分析股本变动时应重点关注股本增资的成本，分析新增资本有无合适的投资项目、新增资本的使用是否如承诺的投放和资本使用有无改变方向等。

增加发行股份、可转换债券实施转股和企业并购而发行的股票，会导致企业所有者权益绝对值的增加。

而发行股票股利则不会使企业的所有者权益有实质上的增加，只会使所有者权益的内部结构发生变化。

表 7-3 和 7-4 为某公司 2019 年和 2018 年的所有者权益变动表部分数据。

根据 2019 年和 2018 年的所有者权益变动表可以看到，该公司 2019 年股本期末余额为 969 139 695.00 元，2018 年股本期末余额为 855 152 056.00 元，股本变动为正向变动，变动额为 113 987 639.00 元，涨幅为 13.33%。说明该公司的财务状况良好，公司的发展规模正在不断扩大。

表 7-3　2019 年所有者权益变动表（部分）

项目	归属于母公司所有者权益						少数股东权益	所有者权益合计
	股本	资本公积	减：库存股	盈余公积	其他综合收益	未分配利润		
一、上年期末余额	855 152 056.00	1 021 162 377.93		180 896 858.91		1 504 751 068.95	140 052 446.29	3 702 014 808.08
加：会计政策变更								
前期差错更正								
企业合并								
二、本年期初余额	855 152 056.00	1 021 162 377.93		180 896 858.91		1 504 751 068.95	140 052 446.29	3 702 014 808.08
三、本期增减变动金额（减少以"—"号填列）	113 987 639.00	2 355 138 722.99		66 261 313.37		1 455 746 752.54	18 610 412.29	4 009 109 586 .17
（一）综合收益						1 522 008 065.91	26 815 509.22	1 548 823 575.13
（二）所有者投入和减少资本	113 987 639.00	2 355 133 468.97					−8 205 096.93	2 460 916.011.04

续表

项目	归属于母公司所有者权益						少数股东权益	所有者权益合计
	股本	资本公积	减：库存股	盈余公积	其他综合收益	未分配利润		
1. 所有者投入的普通股	114 995 400.00	2 362 313 018.09					−8 205 096.93	2 469 103 321.16
2. 其他权益工具持有者投入资本								
3. 股份支付计入所有者权益的金额								
4. 其他	−1 007 761.00	−7 179 549.12						−8 817 310.12
（三）利润分配				66 261 313.37		−66 261 313.37		
提取盈余公积				66 261 313.37		−66 261 313.37		
（四）所有者权益内部结转								
（五）专项储备								
（六）其他								
四、本期期末余额	969 139 695.00	3 376 301 100.92		247 158 172.28		2 960 497 821.49	158 662 858.58	7 711 759 648.27

表 7-4　2018 年所有者权益变动表（部分）

项目	归属于母公司所有者权益						少数股东权益	所有者权益合计
	股本	资本公积	减：库存股	盈余公积	其他综合收益	未分配利润		
一、上年期末余额	856 366 226.00	1 024 940 819.28		133 988 833.98		1 066 660 026.86	115 134 108.056	3 197 090 014.17
加：会计政策变更								
前期差错更正								
企业合并								
二、本年期初余额	856 366 226.00	1 024 940 819.28		133 988 833.98		1 066 660 026.86	115 134 108.05	3 197 090 014.17
三、本期增减变动金额（减少以“—”号填列）	−1 214 170.00	−3 778 441.35		46 908 024.93		438 091 042.09	24 918 338.24	504 924 793.91
（一）综合收益						570 717 025.25	12 231 325.30	582 938 350.55
（二）所有者投入和减少资本	−1 214 170.00	−3 778 441.35					12 687 012.94	7 694 401.59
1. 所有者投入的普通股		42 134 641.45					12 687 012.94	54 821 654.39

续表

项目	归属于母公司所有者权益						少数股东权益	所有者权益合计
	股本	资本公积	减：库存股	盈余公积	其他综合收益	未分配利润		
2. 其他权益工具持有者投入资本								
3. 股份支付计入所有者权益的金额		−38 173 668.25						−38 173 668.25
4. 其他	−1 214 170.00	−7 739 414.55						−8 953 584.55
（三）利润分配				46 908 024.93		−132 544 328.77		−85 636 303.84
1. 提取盈余公积				46 908 024.93		−46 908 024.93		
2. 对所有者的分配						−85 636 303.84		−85 636 303.84
（四）所有者权益内部结转								
（五）专项储备								
（六）其他								
四、本期期末余额	855 152 056.00	1 021 162 377.93		180 896 858.91		1 504 751 068.95	140 052 446.29	3 702 014 808.08

查看资本公积的累计情况

资本公积主要是企业和股东之间有关股本交易所产生的溢价，可以用作转增资本。虽然资本公积转增资本并不能导致所有者权益总额的增加，但可以改变企业投入资本的结构，体现企业稳健、持续发展的潜力。

另一方面，对股份有限公司而言，它会增加投资者持有的股份，从而增加公司的股票流通量，进而激活股价，提高股票的交易量和资本的流动性。

此外，对于投资者来说，实收资本是所有者权益最本质的体现，是其考虑投资风险的重要影响因素。

所以，将资本公积转增资本不仅可以更好地反映投资者的权益，也会影响到债权人的信贷决策。

资本公积主要有两种，一类是可以直接用于转增资本的资本公积，另一类是不可以直接用于转增资本的资本公积。

（1）可以直接用于转增资本的资本公积

可以直接用于转增资本的资本公积包括资本（或股本）溢价、接受现金捐赠、拨款转入、外币资本折算差额和其他资本公积等。

①资本（或股本）溢价指企业投资者投入的资金超过其在注册资本中所占份额的部分，在股份有限公司中称之为股本溢价。

②接受现金捐赠指企业因接受现金捐赠而增加的资本公积。

③拨款转入指企业收到国家拨入的专门用于技术改造、技术研究等的拨

款，项目完成后，按规定转入资本公积的部分，企业应按转入金额入账。

④外币资本折算差额指企业因接受外币投资所采用的汇率不同而产生的资本折算差额。

⑤其他资本公积指除上述各项资本公积以外的项目所形成的资本公积，以及从资本公积各准备项目转入的金额，其中包括债权人豁免的债务。

（2）不可以直接用于转增资本的资本公积

不可以直接用于转增资本的资本公积包括接受捐赠非现金资产准备和股权投资准备等。

①接受捐赠非现金资产准备指企业因接受非现金资产捐赠而增加的资本公积。

②股权投资准备指企业对被投资单位的长期股权投资采用权益法核算时，被投资单位因接受捐赠等原因增加资本公积，投资企业按其持股比例或投资比例相应增加的资本公积。

以上述某公司 2019 年和 2018 年所有者权益变动表为例，查看其资本公积变动情况，发现该公司 2019 年末资本公积为 3 376 295 846.9 元，2018 年资本公积为 1 021 162 377.93 元，变动额为 2 355 133 468.97 元。说明该公司的财务保障能力较大，公司比较稳健，具备持续稳定发展的潜力。

保留盈余探究企业底子

保留盈余指企业从历年实现的净利润中提取或形成的留置于企业内部的积累，包括盈余公积和未分配利润两个部分。

保留盈余的计算公式如下：

保留盈余＝净利润＋（或净亏损减）期初保留盈余—向股东派发的股息

保留盈余是企业发展的基础，一个企业保留盈余充足，说明该企业的资金充沛，底子丰厚，财务状况健康。保留盈余可以用于企业扩充营运规模、投资于新的企业以及回购股票等。

保留盈余减少的因素有如下六点。

①本期净损。

②前期损益调整（错误更正）及若干会计原则变动的追溯调整。

③现金股利或负债股利。

④股票股利。

⑤财产股利。

⑥一些库存股交易。

保留盈余增加的因素有以下三点。

①本期净利。

②前期损益调整（错误更正）及若干会计原则变动的追溯调整。

③公司重整（准改组）调整。

以上述某公司2019年和2018年所有者权益变动表为例，查看其保留盈余变动情况，发现2019年末盈余公积和未分配利润分别为247 158 172.28元和2 960 497 821.49元，2018年末盈余公积和未分配利润分别为180 896 858.91元和1 504 751 068.95元。

盈余公积和未分配利润分别增加了66 261 313.37元和1 455 746 752.54元，说明企业经营状况良好，资金充沛。

股东权益其他调整项目的影响

股权权益除了股本、资本公积和盈余外，还有其他调整项目，这些项目同样会对股东权益造成不同程度的影响，投资者也需要对其有一定的了解。

股东权益其他调整项目包括以下四个项目，见表 7–5。

表 7–5　股东权益其他调整项目

项　　目	内　　容
长期股权投资未实现跌价损失	指长期股权投资采用成本与市价孰低法时，期末评价所认定的未实现跌价损失，它使股东权益减少
累计换算调整数	指因外币交易或外币财务报表换算产生的换算差额，它应作为股东权益的调整项目
未认定为退休金成本的净损失	指“应补足最低退休金负债的金额”的差额，该项金额应作为股东权益的减项
库存股票	指公司将自己发行的股票从市场购回的部分，这些股票不再由股东持有，其性质为已发行但不流通在外的库存股

企业分红派息是怎么操作的

在实际的股市投资中，投资者常常会遇到分红派息的情况，例如“10 送 5 转 4 派 2”，这是什么意思呢？

某公司以现有股票 1 000 000 000 股为基数，向全体股东每 10 股送红股 5

股，派 2 元现金，同时以股票溢价的发行形式向全体股东每 10 股转增 4 股，即“10 送 5 转 4 派 2”。

上例所示，“10 送 5 转 4 派 2”就是上市企业权益分配的一种体现。那么，企业的权益具体是如何分配的呢？

首先，我们需要明白股息、分红、股利之间到底有何区别，我们可以从定义、受益对象和获取时间这 3 个方面来进行了解，相关的具体内容见表 7-6。

表 7-6　股息、分红和股利的区别

项　目	股　息	分　红	股　利
定义	简单理解就是股票的利息，股票利率一般都是相对固定的	当我们购买了上市企业的股票后，就获得了企业分红的权利	是股息和红利的总称，包括了股息和红利
受益对象	优先股的股东获得的是股息，而股息率一般根据事先约定的固定比例向股东们分配，在一定时间内相对固定	普通股的股东一般都是获得分红，红利的大小根据企业在营业年度的盈利状况确定，一般都是浮动的，不固定	股息和分红都是股利的一种表现形式，所以两者的受益对象对股利来说都有，股息相对的是优先股，红利相对的是普通股
获取时间	对于股息的发放时间，一般在年底或者次年初，也可以分期多次发放，具体以企业公布的信息为准	对于分红，企业一般都会在次年的年初才进行发放	股利的发放一般在期末结算后，具体在股东大会通过了相应的利润分配方案和结算方案后

其次，投资者还要弄清楚以下几个问题。

◆ 股东们获得股利的方式有哪些

股利的主要发放形式有现金股利、股票股利、财产股利和建业股利等，但一般在沪深上市的公司，采用现金股利和股票股利，后两者很少采用。

现金股利最为常见，就是我们常见的派现；股票股利就是上市公司常见的送红股，以赠送本公司股票的形式代替现金。

财产股利常见的就是以现金以外的资产作为股东的股利，如以本公司持有的有价证券或公司物资作为股利发放。

建业股利一般只有建设周期长、资金周转慢且风险大的公司才会采用这种形式，公司通过筹集到的资金作为投资的盈利发放给股东。

◆ 送红股和转增股本的区别是什么

送红股指上市公司将未分配利润以股票红利的形式分配给股东的一种分配方式，即上市公司对净利润不以现金股利的方式分配，而是通过发放股票的方式分配给股东，使利润转化成了股本。

转增股本指上市公司将公司的资本公积转化为股本并赠送给股东的一种分配方式。

虽然二者都是将利润转为股本分配给股东，但二者存在不同。红股来自公司的年度税后利润，只有在公司有盈余的情况下，才能向股东送红股；而转增股本却来自资本公积，它可以不受公司本年度可分配利润的多少及时间的限制，只要将公司账面上的资本公积减少一些，以此增加相应的股本就可以了。

◆ 企业的权益分配方案是怎么确定的

通常企业完成了年度结算之后，便会在年度报告中公布相应的权益分配方案，并提交股东大会审议表决。

在考虑权益方案时，首先考虑优先股东的股息，如果还有利润可分配，才考虑普通股的分红。而股东的红利多少，一般需要根据当年度公司的经营业绩来看，还要考虑国家税收和公司的长远发展。

第 8 章

掌握财务报表的综合分析法

在前面的章节中，我们一一介绍了财务报表中的各个表格内容及分析方法，但除了单独分析观察之外，我们还可以将各个财务报表看作一个整体，对其进行综合分析，这样得到的结果比单一的分析结果更准确、更全面。

怎么理解财务报表的综合分析

财务报表的综合分析实际上就是将财务报表中的各项数据指标视为一个整体，对其进行系统的、全面的、综合的分析，从而得到关于企业真实的财务状况、经营状况和发展状况等信息。

综合分析与单项分析比较来看，单项分析是根据财务报表中各个表格的内容，对具体的某一项内容或者是某一方面进行分析，例如现金流量表，则是对企业的现金流入流出情况做具体的分析观察。但综合分析则不同，它是建立在企业整体财务基础上，从总体上来分析企业财务状况，因此其分析结果更全面。

另外，单项分析的重点和比较基准为财务理论标准，但综合分析中的重点和比较基准是企业的整体发展趋势，这样看来，综合分析更具备全局性，可以使分析更透彻。

综上所述，综合分析实质上就是依据财务报表，结合一定的方法，将企业偿债能力、盈利能力、营运能力和发展能力等各方面的分析指标，以其内在联系有机地结合起来，认真分析其相互关系，从而揭露企业真实的财务状况和经营成果，使投资者能够对企业的经营业绩做出客观的评价。

杜邦分析法

杜邦分析法又被称为杜邦财务分析体系，它是利用几种主要的财务比率之间的关系来综合地分析企业的财务状况，这种分析方法最早由美国杜邦公司使用，故名杜邦分析法。

杜邦分析法是利用各种主要财务指标之间的内在联系，建立一个财务比例分析的综合模型，然后对企业财务状况和经营业绩进行综合的评价和分析。它是通过将资产负债表和利润表结合起来，以净资产收益率为核心指标，再从企业盈利能力、营运能力和偿债能力这三个方面对指标进行层层分解，使财务比率分析的层次更清晰。

图 8-1 为杜邦分析法体系图。

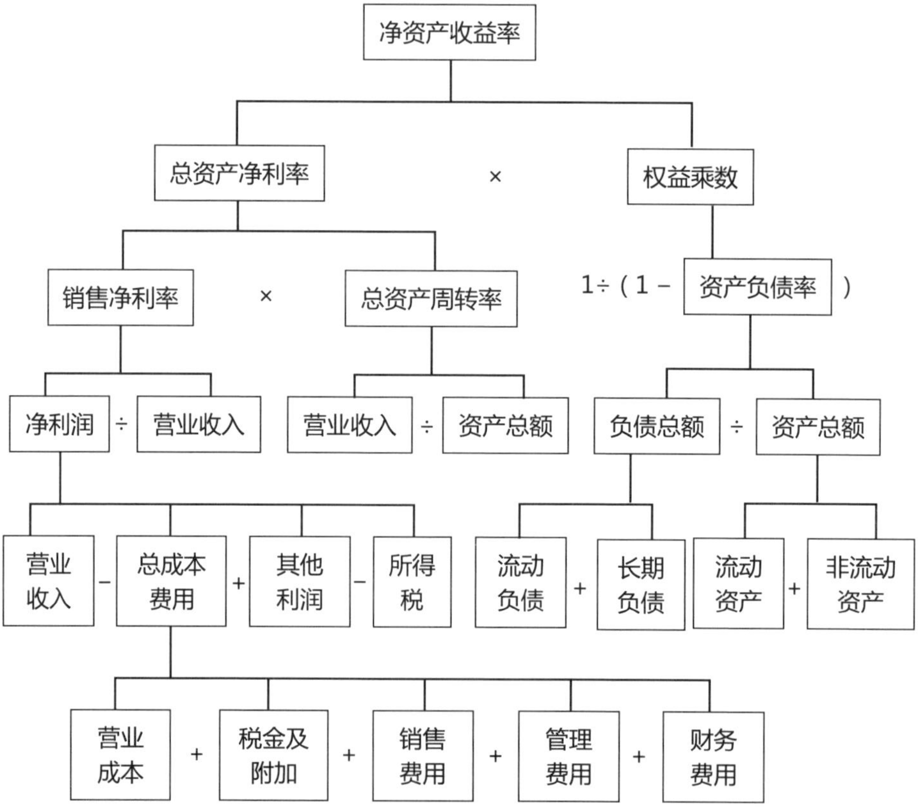

图 8-1　杜邦分析法体系图

从图 8-1 中可以看到，在杜邦分析法中，以净资产收益率为核心，通过计算净资产收益率的方式对其进行层层分解。我们知道，净资产收益率反映企业的获利能力，比率高则说明企业资产具有较强的获利能力，且企业资产质量较高。

杜邦分析法将净资产收益率分解成为 3 个部分，即利润率、总资产周转率和财务杠杆。

①利润率，用销售净利率衡量，反映企业的盈利能力。

②总资产周转率，用总资产周转率衡量，反映企业的营运能力。

③财务杠杆，用权益乘数衡量，反映企业的资本结构。

通过图 8-1，可以得到下面一些主要计算公式。

综合公式：

净资产收益率 = 销售净利率 × 总资产周转率 × 权益乘数

= （净利润 ÷ 营业收入）×（营业收入 ÷ 总资产）×（总资产 ÷ 净资产）

= 净利润 ÷ 净资产

分解公式：

权益乘数 =1÷（1- 资产负债率）= 总资产 ÷ 净资产

销售净利率 = 净利润 ÷ 营业收入

总资产周转率 = 营业收入 ÷ 资产平均总额

总资产净利率 = 销售净利率 × 总资产周转率

净利润 = 营业收入 - 总成本费用 + 其他损益及收入 - 所得税费用

资产平均总额 =（期初流动资产 + 期初非流动资产 + 期末流动资产 + 期末非流动资产）÷2

总成本费用 = 营业成本 + 销售费用 + 管理费用 + 财务费用 + 税金及附加

流动资产 = 货币资金 + 预付款项 + 应收账款 + 其他

非流动资产 = 长期期权投资 + 固定资产 + 无形资产 + 其他

由上述计算可以得出以下信息。

①净资产收益率是一个综合性较强的、具有重要指示意味的财务指标，它在反映所有者投入资本获利能力的同时，还反映了企业资产运营、投资活动以及筹资活动等的效率。影响净资产收益率高低的因素包括权益乘数、销售净利率和总资产周转率，而这 3 个财务比率分别反映了企业的偿债能力、盈利能力和资产管理能力。

②权益乘数受资产负债率影响，负债比率越大，权益乘数越高，说明企业有较高的负债程度，给企业带来较多的杠杆效益，同时也给企业带来了较多的风险。

③总资产净利率是一个综合性的指标，同时受到销售净利率和总资产周转率的影响。总资产净利率也是一个重要的财务比率，综合性也较强。它是销售净利率和总资产周转率的乘积，因此，需要从企业销售成果和资产营运两方面来分析。

总的来说，杜邦分析法是利用各个财务指标之间存在的相互依存、关联的关系，以净资产收益率作为核心指标，通过对影响这些指标的因素进行分析，从而达到对企业财务报表进行总体分析，了解企业财务状况和经营成果的最终目的。

利用杜邦分析法分析某企业实际财务状况

通过前面知识的学习我们了解了杜邦分析法，下面通过一个实例来进行具体分析。××股份有限公司为一家上市公司，根据年报数据，该公司 2018 年净资产收益率为 16.5%，到 2019 年净资产收益率下降至 2.37%，这是什么原因呢？

表 8-1 为该公司资产负债表摘要。

表 8-1　资产负债表摘要

单位：万元

资产负债表指标（万元）	2019 年 12 月 31 日	2018 年 12 月 31 日
货币资金	15 363.95	18 065.97
存货	144 795.98	150 630.23
应收账款	4.35	11.46
其他应收款	657.01	1 164.75
流动资产合计	185 245.59	178 855.54
长期股权投资	–	–
固定资产净额	1 415.21	1 544.56
无形资产	5.63	19.14
非流动资产合计	11 990.97	12 869.36
资产总计	197 236.56	191 724.90

续表

资产负债表指标	2019 年 12 月 31 日	2018 年 12 月 31 日
流动负债合计	97 644.24	89 854.62
非流动负债合计	4 000.00	6 844.81
负债合计	101 644.24	96 699.43
实收资本	20 170.52	20 170.52
资本公积	996.59	996.59
盈余公积	23 087.16	23 087.16
未分配利润	44 861.62	44 225.33
少数股东权益	6 476.44	6 545.87
股东权益合计	95 592.33	95 025.47

表 8-2 为该公司利润表摘要。

表 8-2　利润表摘要

单位：万元

利润表指标	2019 年 12 月 31 日	2018 年 12 月 31 日
营业收入	43 813.97	35 792.93
营业成本	30 772.57	25 231.16
税金及附加	2 565.01	869.52
销售费用	952.15	1 515.10
财务费用	213.28	315.06
管理费用	6 286.30	5 913.82

续表

利润表指标（万元）	2019 年 12 月 31 日	2018 年 12 月 31 日
资产减值损失	–	36.58
公允价值变动净收益	–	–
投资收益	–	–
营业利润	3 024.66	1 911.69
营业外收入	1 315.56	19 725.24
营业外支出	31.69	728.03
利润总额	4 308.53	20 908.90
所得税费用	1 092.61	5 456.69
净利润	3 215.92	15 452.21
归属母公司净利润	2 108.52	14 600.04

我们在得到该公司的财务报表之后，根据杜邦分析法，查看净资产收益率情况。因为净资产收益率 = 总资产净利率 × 权益乘数，而权益乘数 = 总资产 ÷ 净资产，计算两年的权益乘数如下。

2019 年净资产收益率 =3 215.92 ÷ 197 236.56 × 100%=1.63%

2018 年净资产收益率 =15 452.21 ÷ 191 724.90 × 100%=8.06%

2019 年权益乘数 =197 236.56 ÷ 95 592.33=2.06

2018 年权益乘数 =191 724.90 ÷ 95 025.47=2.02

由此可见，2019 年净资产收益率 < 2018 年净资产收益率，权益乘数相

差不大，净资产收益率受到总资产净利率的影响更大。

而总资产净利率 = 销售净利率 × 总资产周转率，其中销售净利率 = 净利润 ÷ 营业收入，总资产周转率 = 营业收入 ÷ 资产平均总额，相关计算结果如下：

2019 年销售净利率 =3 215.92 ÷ 43 813.97 ≈ 7.34%

2018 年销售净利率 =15 452.21 ÷ 35 792.93 ≈ 43.17%

2019 年总资产周转率 =43 813.97 ÷ 197 236.56 ≈ 22.21%

2018 年总资产周转率 =35 792.93 ÷ 191 724.90 ≈ 18.67%

由上述计算可知，虽然 2019 年总资产周转率与 2018 年总资产周转率相比有所增加，但真正对总资产净利率起到重大影响的是销售净利率，2018 年销售净利率为 43.17%，而 2019 年销售净利率却下降至 7.34%。

进一步查看销售净利率发现 2019 年净利润大幅下降，2018 年净利润为 15 452.21 万元，而 2019 年净利润却下降至 3 215.92 万元。

因为净利润 = 营业收入 − 总成本费用 + 其他利润 − 所得税费用，且总成本费用 = 营业成本 + 税金及附加 + 销售费用 + 财务费用 + 管理费用，所以相关计算如下所示。

2019 年净利润：3 215.92=43 813.97 −（30 772.57+2 565.01+952.15+213.28+6 286.30）+（1 315.56−31.69）−1 092.61

2018 年净利润：15 452.21=35 792.93 −（25 231.16+869.52+1 515.10+315.06+5 913.82+36.58）+（19 725.24−728.03）−5 456.69

根据上述计算结果可以看出，2019 年净利润的降低是因为总成本费用的明显上升，企业本身的营业收入并没有降低，反而有 22.41% 的涨幅，说明企业的主营业务活动并没有问题。因此，降低成本费用是企业提高销售净利率的一个重要途径。

当然除了销售净利率之外，总资产周转率也存在一定的影响。我们分析总资产周转率时也要同销售净利率一样，结合杜邦财务分析体系层层分析，找出其中影响净资产收益率的主要原因。

沃尔评分法评价企业财务状况

1928 年，亚历山大 · 沃尔出版的《信用晴雨表研究》和《财务报表比率分析》中提出了信用能力指数的概念，他选择了 7 个财务比率，即流动比率、产权比率、固定资产比率、存货周转率、应收账款周转率、固定资产周转率以及自有资金周转率，分别给定各指标的比重，然后确定标准比率，将实际比率与标准比率相比，得出相对比率，将此相对比率与各指标比重相乘，得出总评分。

实际上，沃尔评分法就是将选定的财务比率用线性关系结合起来，并分别给定各自的分数比重，然后通过与标准比率进行比较，确定各项指标的得分及总体指标的累计分数，从而对企业的信用水平做出评价的方法。

沃尔评分法操作步骤分为五步。

（1）选定评价企业财务状况的比率指标

选择企业财务比率指标时要选择具有代表性的，能够全面反映企业状况的指标。一般从四个方面入手进行选择，即企业的盈利能力指标、偿债能力指标和发展能力指标。

①盈利能力指标如资产净利率、销售净利率、净值报酬率。

②偿债能力指标如自有资本比率、流动比率、应收账款周转率、存货周转率。

③发展能力指标如销售增长率、净利增长率、资产增长率。

（2）分配指标权重

按照各类指标的重要程度确定各项比率指标的评分值，并且评分值之和应该为100。

在盈利能力、偿债能力和发展能力指标中，三类指标的评分比重为5 ：3 ：2，其中盈利能力指标中三者的比例约为2 ：2 ：1，偿债能力指标和发展能力指标中各项具体指标的重要性大体相当。

（3）确定各项比率指标的标准值

确定各项比率指标的标准值，即各指标在企业现时条件下的优值。沃尔评分法下各个分析比率的标准值通常应根据行业平均值来确定。

（4）计算企业各项比率指标的实际值

通过公式计算企业各项比率指标的实际值，计算公式如下：

资产净利率＝净利润 ÷ 平均资产总额 ×100%

销售净利率＝净利润 ÷ 销售收入 ×100%

净值报酬率＝净利润 ÷ 平均净资产 ×100%

自有资本比率＝净资产 ÷ 资产总额 ×100%

流动比率＝流动资产 ÷ 流动负债

应收账款周转率＝赊销收入净额 ÷ 应收账款平均余额

存货周转率＝产品销售成本 ÷ 存货平均余额

销售增长率＝销售增长额 ÷ 上期销售额 ×100%

净利增长率＝净利增加额 ÷ 上期净利 ×100%

资产增长率＝资产增加额 ÷ 上期资产总额 ×100%

（5）评价最终结果

得出指标的实际值与标准值之后，还要评价最终结果，计算公式如下：

实际分数 = 实际值 ÷ 标准值 × 权重。

当实际值 > 标准值为理想时，此公式正确；但当实际值 < 标准值为理想时，实际值越小得分应越高，用此公式计算的结果恰恰相反。

另外，当某一单项指标的实际值畸高时，会导致最后总分大幅度增加，掩盖情况不良的指标，从而给管理者造成一种假象。

通过上述沃尔评分法步骤，可以看出实际上沃尔评分法在评价企业财务状况时存在一定的缺点，具体如下。

①在选择评价指标方面，存在一定的主观性和随意性，不同的使用者、不同的行情在指标选择上有自己的特点，难以确定一个固定且统一的指标体系，而不同的指标选择会影响最终的财务评价结果。

②与选择评价指标方面相同，沃尔评分法在指标的权重确定方面也具有非常大的主观性和随意性，不能科学、准确地确定每个指标所占的权重值的大小。

③计算结果方面，因为实际分数 =（实际值 ÷ 标准值）× 权重，根据实际值与标准值大小来确定状况是否理想时，会有不同的考量，导致评价结果混乱，这会给使用者造成假象。

④在评价结果方面，指标比率的实际值越高，其单项得分就越高，相应的，企业的总体评价也就越好，但这与实际情况并不完全相符。

沃尔评分法实例分析

通过前面的理论介绍，我们知道了沃尔评分法的大概内容，下面以一家公司的财务报表数据为例作实际分析。

××酒店是一家上市公司，公司经营范围包括住宿，制售中餐、西餐、自助餐、冷热饮，食品零售以及房地产开发、销售等。

表 8-3 为 ××酒店 2019 年和 2018 年资产负债表数据摘要。

表 8-3　资产负债表摘要

单位：万元

资产负债表指标	2019 年 12 月 31 日	2018 年 12 月 31 日
货币资金	51 872.08	24 433.35
存货	36 309.58	32 590.25
应收账款	3 301.23	3 773.92
其他应收款	1 027.20	921.79
流动资产合计	124 608.20	98 613.99
长期股权投资	829.36	7 142.04
固定资产净额	120 531.99	126 532.81
无形资产	36 737.54	37 681.57

续表

资产负债表指标	2019 年 12 月 31 日	2018 年 12 月 31 日
非流动资产合计	198 388.49	210 338.17
资产总计	322 996.69	308 952.16
流动负债合计	73 474.16	55 086.11
非流动负债合计	27 322.22	35 482.33
负债合计	100 796.38	90 568.44
实收资本	30 000.00	30 000.00
资本公积	40 387.53	40 387.53
盈余公积	10 852.87	10 310.16
未分配利润	67 467.81	66 507.71
少数股东权益	73 492.10	71 178.32
股东权益合计	222 200.31	218 383.72

表 8-4 为 ×× 酒店 2019 年利润表数据摘要。

表 8-4　利润表摘要

单位：万元

利润表指标	2019 年 12 月 31 日
营业收入	118 882.07
营业成本	52 398.96
税金及附加	3 420.86
销售费用	23 309.52

续表

利润表指标（万元）	2019 年 12 月 31 日
财务费用	1 211.13
管理费用	23 833.06
资产减值损失	–
公允价值变动净收益	199.88
投资收益	799.71
营业利润	16 073.86
营业外收入	347.1
营业外支出	22.74
利润总额	16 398.22
所得税费用	4 505.01
净利润	11 893.21
归属于母公司净利润	7 529.06

①选择评价指标比率，如下所示。

盈利能力指标：资产净利率、销售净利率、净值报酬率。

偿债能力指标：自有资本比率、流动比率、总资产周转率、存货周转率。

发展能力指标：销售增长率、净利增长率、资产增长率。

②确定各项指标比率的评分权重。

资产净利率 =100 × 50% × 40%=20

销售净利率 =100 × 50% × 40%=20

净值报酬率 =100 × 50% × 20%=10

自有资本比率 =100 × 30% × 25%=7.5

流动比率 =100 × 30% × 25%=7.5

总资产周转率 =100 × 30% × 25%=7.5

存货周转率 =100 × 30% × 25%=7.5

销售增长率 =100 × 20% × 40%=8

净利增长率 =100 × 20% × 30%=6

资产增长率 =100 × 20% × 30%=6

③确定各项指标的标准值，各项指标的标准值来自行业平均数据，结果见表 8-5。

表 8-5　指标标准值

指　　标	标准值（%）	指　　标	标准值（%）
资产净利率	2.3	总资产周转率	17
销售净利率	9.87	存货周转率	21.26
净值报酬率	3.81	销售增长率	14.2
自有资本比率	51.8	净利增长率	24
流动比率	3.53	资产增长率	1.1

④计算各项比率指标的实际值。

资产净利率 = 净利润 ÷ 资产总额 ×100% =11 893.21 ÷ 322 996.69 ≈ 3.68%

销售净利率＝净利润 ÷ 销售收入 ×100%≈ 11 893.21÷118 882.07 ≈ 10%

净值报酬率＝净利润 ÷ 净资产 ×100% =11 893.21÷222 200.31 ≈ 5.35%

自有资本比率＝净资产 ÷ 资产总额 ×100% =222 200.31÷322 996.69 ≈ 68.79%

流动比率＝流动资产 ÷ 流动负债 =124 608.20÷73 474.16 ≈ 1.70

总资产周转率＝销售收入 ÷ 资产平均总额 ×100%=118 882.07÷[（322 996.69+308 952.16）÷2] ≈ 37.62%

存货周转率＝产品销售成本 ÷ 存货平均余额 =52 398.96÷[（36 309.58+32 590.25）÷2] ≈ 1.52

销售增长率＝销售增长额 ÷ 上期销售额（103 579.74 元）×100% =（118 882.07−103 579.74）÷103 579.74 ≈ 14.77%

净利增长率＝净利增加额 ÷ 上期净利（11 604.26 元）×100% =（11 893.21−11 604.26）÷11 604.26 ≈ 2.49%

资产增长率＝资产增加额 ÷ 上期资产总额 ×100 % =（322 996.69-308 952.16）÷ 308 952.16 ≈ 4.55%

⑤计算各项指标的实际得分，并制作表格。

资产净利率实际得分 =3.68÷2.3×20 ≈ 32

销售净利率实际得分 =10÷9.87×20 ≈ 20.26

净值报酬率实际得分 =5.35÷3.81×10 ≈ 14.04

自有资本比率实际得分 =68.79÷51.8×7.5 ≈ 9.96

流动比率实际得分 =1.70÷3.53×7.5 ≈ 3.61

总资产周转率实际得分 =37.62÷17×7.5 ≈ 16.60

存货周转率实际得分 =1.52÷21.26×7.5 ≈ 0.54

销售增长率实际得分 =14.77÷14.2×8 ≈ 8.32

净利增长率实际得分 =2.49 ÷ 24 × 6 ≈ 0.62

资产增长率实际得分 =4.55 ÷ 1.1 × 6 ≈ 24.82

将计算结果填制到表格中，最终结果见表 8-6。

表 8-6　2019 年 ×× 酒店财务比率综合评分表

指标分类	财务指标	评分值	标准值	实际值	关系比率	实际得分
盈利能力	资产净利率	20	2.3	3.68	1.6	32
	销售净利率	20	9.87	10	1.01	20.26
	净值报酬率	10	3.81	5.35	1.39	14.04
偿债能力	自有资本比率	7.5	51.8	68.79	1.32	9.96
	流动比率	7.5	3.53	1.70	0.47	3.61
偿债能力	总资产周转率	7.5	17	37.62	0.55	16.60
	存货周转率	7.5	21.26	1.52	0.71	0.54
发展能力	销售增长率	8	14.2	14.77	1.04	8.32
	净利增长率	6	25	2.49	1.04	0.62
	资产增长率	6	4.5	4.55	4.09	24.82
合计得分		100	–	–	–	130.77

根据计算结果可以看到，该酒店的年度实际得分超过 100 分，因此该酒店在本年度的财务状况整体来看是比较健康的。

但是酒店的流动比率、总资产周转率和存货周转率都较低，导致该酒店的营运能力较低，所以该酒店需要提高流动比率、总资产周转率和存货周转率，从而提高酒店整体的营运能力水平。

另外，酒店的净利增长率和资产增长率也较低，即酒店盈利能力和发展能力不强，需要重点关注和提高。

综上所述，不管是杜邦分析法，还是沃尔评分法，都是综合性地运用指标分析，将企业的营运能力、盈利能力、偿债能力和发展能力指标形成一个体系，从而展开对企业经营成果、财务状况的全面剖析。

因此，综合指标分析的特点体现在其财务指标体系的要求上，综合财务指标体系的建立应当具备三个基本条件，具体如下所示。

①指标的要素要齐全。

②主辅指标功能匹配。

③满足多方信息需要。

帕利普财务分析体系

帕利普财务分析体系是由美国哈佛大学教授帕利普，在杜邦财务分析体系上做了一定的变形和补充发展起来的。因此，其核心与杜邦财务分析体系类似。

在杜邦财务分析体系中以净资产收益率为核心指标，再根据企业盈利能力、营运能力和偿债能力这 3 个方面对指标进行层层分解。

而在帕利普财务分析体系中，他认为企业最终追求的是一种可持续的增长率，可持续增长率指的是企业在不增发新股，不改变经营效率和财务政策的条件下，企业经营活动能够达到的最大增长率，它体现的是一种可持续发展的平衡状况。

因此，帕利普财务分析体系中的核心是可持续增长比率，将企业的各种财务比率统一起来，以评估企业的增长战略是否可持续。

帕利普财务分析体系原理如图 8-2 所示。

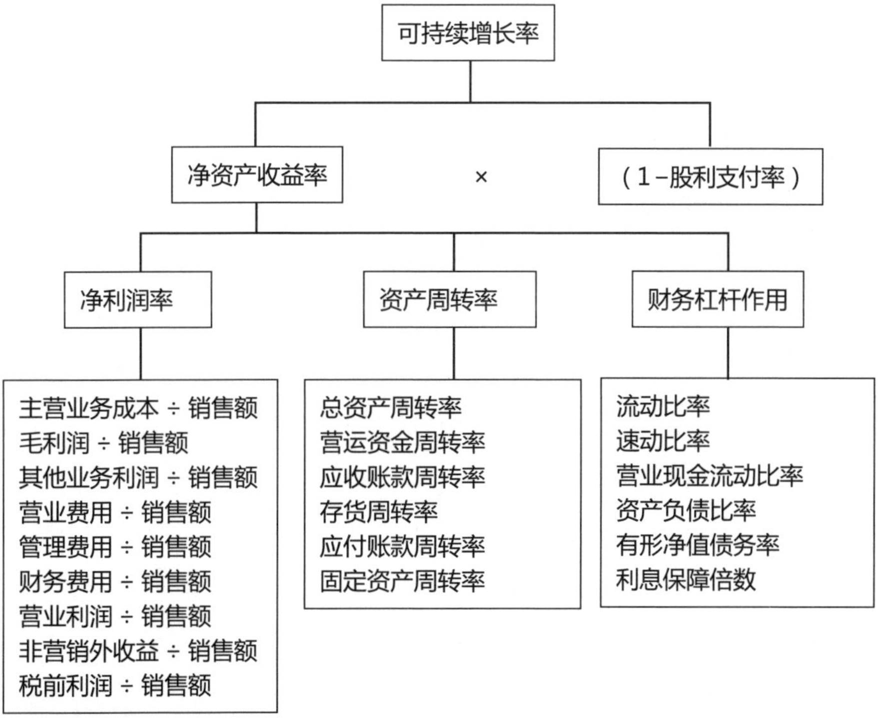

图 8-2　帕利普财务分析体系

从图 8-2 可以得到下列信息。

①可持续增长率 = 净资产收益率 ×（1- 股利支付比率）。

②净资产收益率受到企业利用资产的有效性和股东的投资相比企业的基础有多大，两个因素的影响，所以得到下列公式：

净资产收益率 = 资产收益率 × 财务杠杆

= 净利润率 × 资产周转率 × 财务杠杆

③进一步分析净利润率。净利润率的高低表明了一家企业盈利能力的强弱，所以分析净利润率能够评估企业管理效率，比较常用的是共同尺度损益表，即表中的所有项目都用一个销售收入比率表示。通过分析共同尺度损益表，可以了解企业的毛利率与其竞争战略的关系、变动的主要原因、期间费用率与其竞争关系、变动的原因、企业的经营管理的效率等。

④资产周转率是考察企业资产运行效率的一项重要指标，体现企业经营期间全部资产从投入到产出的流转速度，可以反映企业资产的投资管理效率。根据企业资产的性质，可以分为流动资金管理和长期资产管理。评估资产管理效率的主要指标包括：营运资金周转率、资产周转率、存货周转率、应收账款周转率、应付账款周转率。

⑤财务杠杆指企业通过借款和一些不计息债务来增加资本，只要债务成本低于资产收益率，财务杠杆就能够提高企业的净资产收益率，但是财务杠杆也会增加企业的风险。评估企业财务杠杆风险程度的财务指标有，流动比率、速动比率、超速动比率和营业现金流动比率等流动性比率以及资产负债比可持续增长率统一财务比率框架率、有形净值负债率和利息保障倍数等长期偿债比率。

第9章

练就火眼金睛识别财务造假

财务造假为广大投资者提供了错误的市场信息，诱导投资者做出错误的决策，严重危害了投资者的利益。因此，投资者有必要练就出识别财务造假的能力。

虚假的财务报表是怎么来的

财务造假指造假行为人违反国家法律、法规、制度的规定，采用各种欺诈手段在会计账务中弄虚作假，伪造、变造会计事项，掩盖企业真实的财务状况、经营成果与现金流量情况，从而为小团体或个人谋取私利的违法犯罪行为。

因此，投资者要警惕得到的财务报表可能存在不真实或隐藏着虚假信息的情况。

通常情况下，造成财务虚假的原因包括两大类。

（1）会计失误

会计失误也称为会计差错，指在会计核算时，在计量、确认、记录等方面出现的错误。经济事项或交易录入会计系统后，经过确认、计量、记录和报告，输出对信息使用者有用的会计信息。在确认、计量、记录过程中由于种种原因会产生差错。

如果会计差错情况严重，且没有及时更正，不仅会影响会计信息的可靠性、真实性，还会误导投资者做出错误的投资决策。

会计失误根据其失误程度进行划分，可以分为重大会计失误和非重大会计失误，具体内容如下。

①重大会计失误即重大会计差错，指对于发生的重大会计差错。如影响损益，并计入“以前年度损益调整”科目，并根据其对损益的影响数调整发现当期的期初留存收益，会计报表其他相关项目的期初数也应一并调整；如

不影响损益，应调整会计报表相关项目的期初数。

②非重大会计失误即非重大会计差错，指不足以影响会计报表使用者对企业财务状况、经营成果和现金流量做出正确判断的会计差错。

产生会计差错的原因主要包括以下四点。

◆ 会计确认不当形成的会计差错

会计确认指依据一定确认标准，识别和确定发生的经济业务是否可以作为会计要素进入会计系统和其数据应否列入会计报表的过程。它解决的是会计的定性问题，为会计计量确定空间范围、时间范围。

因此，当实际确认与权责发生制确认时间不符时，可能会形成会计差错，例如提前或推迟确认收入，或不确认实现的收入，或在期末应计项目与递延项目未及时调整等人为的舞弊、欺骗行为。

还有可能是会计要素的定义和特征不符的会计差错，账户分类不当，以及资产性支出和收益性支出划分的差错等。

◆ 会计计量环节形成的会计差错

会计计量环节形成的会计差错包括两种情况：一种是与实物数量不符的会计差错，例如对发出材料的计量不准确，导致期末存货出现盘盈或盘亏现象，从而使会计报表发生错报；另一种是与计量属性和计量单位不符的会计差错，例如接受捐赠或盘盈的固定资产，是以历史成本计价还是以现行市价或未来现金流量的现值计价等。

◆ 会计记录造成的会计差错

会计记录造成的会计差错主要包括四种情况。

①操作性错误，即财务人员操作不当出现的错误，如按错计算器键、算盘误计、眼误或笔误等。

②技术性错误，即财务人员由于对财务工作的不熟练而造成的会计差错，如凭证填写不准确、小数点错记和红笔运用不当等。

③习惯性错误，部分操作人员可能存在不良的个人习惯，例如连笔书写、草书写等，使数字模糊潦草而被错认。

④条件性错误，即由于客观条件不好，如复写纸质量低劣而造成的复写下联字迹不清，或纸质较差发生的字迹变形而造成的错认。

◆ 其他原因造成的会计差错

除了上述原因之外，还可能存在一些其他原因造成的会计差错，例如对于经济业务中不确定因素的会计估计差错；由于管理薄弱、基础工作差，有关人员的职责权限范围不明，而使财务人员犯的错误；由于财务人员责任心不强造成的会计差错等。

（2）会计舞弊

会计舞弊是财务造假的另一重大源头，如果说会计失误是因为操作不当，不小心造成虚假财务信息，那么会计舞弊就是人为的、具有欺骗性的、刻意的造假行为。

从概念上来看，会计舞弊指故意失真，指有目的、有预谋、有针对性的财务造假和欺诈行为。例如，故意篡改、伪造虚假的交易或事项，虚报或瞒报会计数据，编报多套报表，以及蓄意使用不当的会计政策等。

会计舞弊有许多方法和途径，比较常见的有以下一些。

◆ 收入舞弊途径

企业收入舞弊包括虚增收入和提前确认收入两个方向。虚增收入即企业通过虚构业务等一系列手段来达到收入虚增的目的。提前确认收入则是从确认时间上入手，实现收入的虚高，具体方法见表 9-1。

表 9-1 收入舞弊的途径

途　　径	内　　容
扩大销售核算范围虚增收入	主要手段包括：销售回购、销售租回等业务确认为收入；将委托加工业务的加工发出以及收回，通过对开发票方式分别确认为销售以及购买业务；虚开发票增加销售收入；将非营业收入虚构为营业收入等
利用财务报表合并技术虚增收入	无论是国际会计准则还是我国会计准则，均以拥有实质控制权作为财务报表合并范围的标准。这样，一方面，相关公司是否拥有“实质控制权”必须依赖财会人员的专业判断；另一方面，管理当局可以通过拉长控制链条、构建复杂的公司体系等手段，进一步“拓宽”财务报表合并范围，而这些会计选择的灰色地带无疑给公司管理层实施财务舞弊创造了条件
提前确认收入或记录有问题的收入	主要包括：在尚未销售商品或提供服务时就确认收入；对发出商品以及委托代销等业务提前确认商品销售收入；将向附属机构出售产品确认为收入；在客户对该项销售有终止、取消或递延的选择权时过早确认收入等

◆ 费用舞弊手段

企业费用舞弊的手段主要有两种。

①收益性支出资本化。是将期间费用以及应当与本期收入配比的营业成本等故意列作长期资产，以此减少费用，成本，从而虚增利润；或与此相反的操作虚增费用成本，减少利润。

②费用摊提目标化。企业基于配股、增发等融资目的，或者为了迎合市场盈利预期等，常常人为调节诸如广告费、折旧费、研发费、预计损失和无形资产摊销等费用的计提或摊销的比例。固定资产、无形资产折旧及摊销期限的延长或缩短均可使当期费用减少或增加。

◆ 非经营性损益操作

企业常常通过处置子公司、进行非货币性交易或债务重整等手段制造非经营性收益，操纵利润。企业采用非经营性损益进行利润舞弊的手段主要见表 9-2。

表 9-2　非经营性损益的舞弊

途　径	内　容
债务重组	新准则将原先因债权人让步而导致债务人豁免或者少偿还的负债计入资本公积的做法，改为将债务重组收益计入营业外收入。因此，一些上市公司的控股股东很可能会在公司出现亏损或者出于维持公司业绩及配股需要的情况下，通过债务重组确认重组收益，达到操纵利润的目的
借款费用	新准则将借款费用资本化的资产范围扩大到需要相当长时间才能达到可销售状态的存货以及投资性房地产等。资本化的借款范围扩大到专门借款和一般借款，这样，一些企业便可能在一般借款的利息支出和符合资本化条件的资产上打主意，以达到操纵企业利润的目的
非货币性资产交换	新准则规定，若交易双方存在关联，可能导致发生的非货币性资产交换不具有商业实质，也就是差额不计入损益。因此，一些上市公司若想操纵利润，会想方设法予以规避，将关联交易非关联化。非货币性资产交换中，公司对商业实质的判断也存在着一定的会计弹性，这给上市公司的利润操纵留下了一定空间
无形资产	虽然新准则对研究阶段和开发阶段的定义进行了区分，但在实际操作中很难明确划分这两个阶段，因此，一些公司就可能通过主观划分，来决定研发支出费用化和资本化的分界点，以达到操纵利润的目的。此外，新准则中对无形资产的摊销年限不再局限于直线法，并且摊销年限也不再固定，这也给一些公司利用调节无形资产的摊销方式或摊销年限来操纵利润提供了途径
政府补助	新准则规定“用于补偿企业以后期间的相关费用或损失的补助，确认为递延收益；用于补偿已发生的相关费用或损失的，计入当期损益”。这里，“已发生”和“将发生”是两个不同的时态，却关系到补助的确认金额及当期利润实现程度。当前环境下，是否如实确认，完全依赖于企业的诚信程度，因此有些企业可能人为调节补助，操纵当期利润

续表

途　　径	内　　容
固定资产	新准则要求公司对固定资产折旧年限、方法及预计净残值至少每年复核一次。只要与原估计有差异时，就应当调整固定资产的折旧年限与净残值，并且调整的方法采用未来适用法，不用追溯调整法。因此，公司只要找到证据证明其固定资产使用寿命与原估计有差异，就可以进行会计估计变更，对业绩进行调整，从而达到操纵利润的目的
资产减值	新准则中明确规定的不允许转回减值的资产主要是固定资产、无形资产、在建工程以及存货，其他如应收账款、短期投资、长期投资。委托贷款等资产的减值准备仍可转回。因此，新准则虽然对上市公司的利润操纵起到了一定的抑制作用，但仍给上市公司操纵利润留下了一定的空间。而且，减值准备的计提方法和比例仍可由上市公司自行选择，公司可能为了避免当年亏损，不按规定提足减值准备，留待以后年度进行以前年度损益调整，以达到粉饰会计报表的目的
公允价值	新准则按照现行国际惯例将“公允价值”引入中国会计体系。但是，由于我国市场经济不够发达，公允价值的应用在很多处理上需要人为判断，加上我国会计从业人员的素质良莠不齐，难以做到真正的公允，可能一些公司会利用“公允价值”来调节并操纵利润

谨防毛利率的蹊跷变化

通过前面的学习我们知道销售毛利率是一个反映企业盈利能力的重要指标，销售毛利率高说明企业的产品竞争力强，反之，则说明该企业产品竞争力较弱。

因此，为了达到粉饰财务状况提高竞争力的目的，很多企业都会选择在毛利率上面“下功夫”。

因为“销售毛利率 =（营业收入 − 营业成本）÷ 营业收入”，所以企业毛利率作假时都会想办法多计入收入或少计成本，或同时进行，从而达到毛利率虚增的目的。具体来看常见的有以下几种状况。

◆ 虚增资产

虚增资产包括流动资产和非流动资产。常见的虚增流动资产项目包括货币资金、应收账款和存货等，常见的虚增非流动资产项目包括在建工程、无形资产和生产性生物资产等。

◆ 虚减负债

虚减负债主要针对应付款项目。通过虚减应付款，少计了企业的采购成本，最终体现为少计成本费用。

◆ 其他方式

通过关联关系“制造利润”，包括以高于正常市场价向关联方销售，以低于正常市场价向关联方采购，以及关联方不正常的代承担相关成本费用等。

了解了毛利率异常的情况之后，投资者需要掌握如何识破这些虚假的毛利率数据。判断毛利率数据真假可以从以下几个方面入手。

第一步，考虑企业所在行业。毛利率的高低与企业所在行业密切相关，且不同的行业毛利率差异幅度较大，通常来说，周转率高的行业毛利率低，周转率低的行业毛利率高。

第二步，考虑企业的生产方式。如果企业是现代科技类生产企业，那么生产成本可能较低，从而使得销售毛利率较高；但如果企业属于传统的人工生产企业，那么生产成本可能会较高，这样一来就会使得毛利率较低。

第三步，考虑企业的生产原材料，包括原材料的采购途径、价格等。如果企业的生产原材料属于普遍的、低价的、运输便捷的材料，那么其生产成本可能较低，从而使毛利率提高。反之，则毛利率下降。

第四步，考虑企业的销售方式。不同的销售方式会带来不同的销售效果和销售收入水平，例如直销利润更丰厚，经销商销售利润更低。

第五步，考虑行业水平。如果企业的毛利率相比历史数据出现异常增高，此时还要查看行业水平，判断是不是市场行情普遍向好而出现的大规模提升。

第六步，将毛利率与其他关联的指标结合分析。我们知道财务报表中的指标之间存在勾稽关系，利用这些勾稽关系可以帮助我们判断数据的真实性。例如通常情况下，毛利率高的产品具有较大的市场竞争力，产品应该更紧俏，在毛利率持续提高的情况下，存货及应收账款的周转效率一般也会提高，如果没有，则说明毛利率可能存在造假。

警惕企业经营现金流差的情况

经营现金流差是被质疑财务造假最常参考的指标，有的企业以虚增收入的方法来达到提高企业利润的目的，而虚增收入的方法就是虚增应收账款或应收票据，但是这些虚增的收入并不会以现金流的方式流入企业。

皖江物流是一家从事物流管理的股份有限公司，2009 年该公司以发行股份购买资产的方式，将发行股份获得的资金用来向淮南矿业集团购买其持有的淮矿铁路运输有限责任公司和淮矿现代物流有限责任公司的 100% 股权，交易价格为 18.62 亿元。

双方交易时，淮南矿业集团向皖江物流承诺，其所持股份的铁运公司和物流公司的 2010 年实现的经审计后的净利润合计不会低于 3.20 亿元，2011

年的不低于 3.84 亿元，2012 年的不低于 4.61 亿元。

如果未能达到这些业绩承诺，差额部分将由淮南矿业集团在相应的会计年度以现金向皖江物流补足，确切的补足时间为淮矿铁路运输有限责任公司和淮矿现代物流有限责任公司的年度审计报告正式出具后的 20 个工作日内。

皖江物流为了兑现股东的业绩承诺，在相应会计年度通过虚构收入和签订阴阳合同的方式虚增收入和利润，使 2012 年的财务报表中应收账款增加了 32.27 亿元。

所以，当应收账款增速大于营业收入增速，或收现比（销售商品收到的现金 ÷ 营业收入）长期小于 1 甚至更低的时候，就要注意了，可能存在财务造假。

财务舞弊下的“存贷双高”

存、贷指财务报表上的银行存款和贷款。存款指企业的货币资金以及可以快速变现的现金等价物，如有保证的承兑汇票，即应付票据。长短期借款指企业的有息负债，包括短期借款、长期借款、一年内到期的长期借款、应付票据以及应付债券等。

存贷双高指报表上的存款和借款余额都维持在比较高的水平。在存款、贷款都是真实的情况下，企业出现存贷双高，说明这样的企业资金使用效率比较低。但是如果其中有数据是虚假的，那么就是财务报表舞弊，而不是存贷双高。

存贷双高实际上很好理解，即企业账户中有大量的货币资金不用，反而不惜支付大量的财务费用举债，出现这样有悖于常理的情况，说明企业很有可能存在财务造假。

金亚科技是一家股份有限公司，其 2014 年度的财务报表显示公司的货币资金有 3.45 亿元，占总资产 26%；而短期借款、长期借款和应付债券等负债余额合计 4.07 亿元，占总资产 30%。而公司当年的收入共 5.53 亿元，对比发现该公司有着存贷双高的迹象。

2015 年公司公示年度报告是进行了差错更正，2014 年末货币资金的账面余额由原来的 3.45 亿元调减为 1.24 亿元，而调减的 2.21 亿元实际上是被股东占用了。所以该公司 2014 年发生的存贷双高背后，实际上是大股东占用了企业的资金。

存贷双高造假主要包括两种情况。

◆ 存款是假的

如果公司内的存款是假的，说明公司虚增了货币资金，这样就形成了财务舞弊。通常来说，公司财务舞弊时为了做多利润，就会虚增资产，除了利用应收账款来平账之外，还可能选择虚增货币资金。

◆ 存款是真的

虽然公司账面资金真实，但是资金是受限的。具体来说，公司因为资金受限，能够使用的资金很少，无法支撑起日常经营所需而大量举债，从而形成“存贷双高”。

一般来说，受限资金是被关联方或者大股东占用，或者是为大股东或关联方提供贷款质押、担保。

需要注意的是，虽然虚增利润和货币资金很可能带来存贷双高的问题，但并不是所有的存贷双高均代表着企业财务造假。因为大型的集团企业，旗下众多的子公司手中既有现金又有负债，合并报表中很可能就会出现存贷双高的情况，这反映的是集团在财务管理上存在着一定的问题，但并不意味着企业一定存在财务造假。

既然有些“存贷双高”属于合理情况，那么对于“存贷双高”的公司，投资者如何判定财务造假呢？

①与同行做对比。投资者选择某只股票之前，并不能单看该公司的优劣，应该将公司放在行业中做对比。尤其对处于不具备“存贷双高”特性的行业的公司格外警惕。

②财务费用。既然公司贷款金额较高，那么就需要关注财务费用。如果公司负债和财务费用不断增多，就需要警惕。

③比较利息费用与利息收入的差值。既然企业在报表中披露存在大量的货币资金，那么货币资金必然能够带来利息收入，从而可以看出货币资金的利率水平。如果该水平远低于有息负债利率，相当于企业以较高利率筹集资金，又将资金以较低利率存入银行，这样的反常说明企业的货币资金可能是虚构的或者是受限的。

④比较应收账款、存货与总收入的比值。虚增应收账款及应收票据是虚增利润且不影响现金流的重要手段，而存货的增加则可以结转销售成本，减少利润。所以如果企业没有特别令人信服的原因，比较其应收账款、应收票据与存货占总收入的比值，可以从某种程度上判断利润是否有粉饰的情况。

隐瞒关联交易或严重依赖关联交易

关联交易是财务舞弊的重要手段之一，在了解关联交易的具体情况之前，我们需要明白什么是关联方和关联交易。

小 A 有两台价值 5 000.00 元的电脑想要转手出售，此时他的好朋友正好想要买电脑，所以小 A 以 3 000.00 的价格转给了好朋友，而另一台则以 5 000.00 元的市场价转给了普通买家。

在这场交易中，如果把小 A 看成一家上市公司的话，那么小 A 朋友就是关联方，他们的交易就是关联交易，低于市场的价格转手，造成了 2 000.00 元的损失，但这损失是需要所有股东来共同承担的，因此需要警惕关联交易。

并且，关联交易很有可能还存在利益输送的问题，通过关联方和关联交易，上市公司可以转移利益，将极大地损害中小股东的权益。

因此，无论是企业会计准则还是证监会，都对关联交易的认定和披露有着非常严格的要求，企业稍有不慎，就会被处罚。下面看一个隐瞒相关案例。

宏良股份原本是一家即将 IPO 上市的公司，但在 2014 年 1 月因出现媒体质疑事项，发行人与保荐人、主承销商华龙证券协商决定暂停 20 日开始的网下申购缴款和网上申购等当次发行的后续工作。而媒体质疑的就是该公司故意隐瞒关联供应商。

当年，宏良股份的招股书显示，其公司的营业收入、营业利润在 2010—2013 年这 3 年期间的复合增长率分别是 48.83%、59%，远远高于同行业平均水平。另外，宏良股份这些年的综合毛利率也在稳步上升，2013 年上半年的综合毛利率达到 24.47%，也是远超同行的。

质疑者认为该公司的毛利率高是明显不正常的，宏良股份涉嫌通过关联公司集中采购、虚增营收，而其直接财务表现就是存货非正常增长。

果不其然，相关数据显示，截至 2013 年 11 月末，宏良股份的存货账面余额高达 13.80 亿元。

经过了解考察发现，宏良股份利用存货调剂利润，进行利润造假。而这连续的3年中宏良股份的第一大供应商是永盛皮革，已累计供货4.28亿元，但是这家供应商的实际注册资本只有300.00万元。

不仅如此，宏良股份与其第二、第三和第四大供应商均存在关联关系。这一系列的现象都说明宏良股份试图通过关联交易非关联化的手段造假财务数据，制造高成长、高盈利的假象，并趁机上市。

仔细甄别财务报表中的虚假信息

我们知道了各种各样的财务造假现象之后，在阅读财务报表时就需要多留心，仔细甄别财务报表中的虚假信息。

总的来说，财务造假就是企业想方设法地虚增收入、虚增利润以及隐瞒收入，从而达到自己的目的。

（1）虚增收入

财务报表最常存在的问题就是虚增收入，收入是一个企业经营成果最重要的数据，也是决定企业利润的基础。有的企业为了使提供的财务报表数据好看，而刻意增大收入，从而夸大自身经营能力。下面为大家介绍3种虚增收入的手段。

◆ 虚开增值税发票，从而提高自身收入

有的企业想要增大收入，而有的企业想要确认更多增值税进项税额，从而逃避缴纳增值税，这样利益的双方就形成买卖方，虚开增值税发票，达到各自的目的。

纳税人企业是可以自行开具增值税发票的，因此我们在看企业的财务报表时，对比企业的各个时期的收入数据，结合企业的发展时期和同行业的水平，可以进入企业的开票系统，看企业是否存在不正常原因导致的开票数额大幅度增加。如果在企业的开票系统中存在有的月份突然增加大额发票的情况，就需要警惕企业存在虚开发票的嫌疑。

需要注意的是，依据最新的法律规定，虚开的税款数额在五万元以上的，以虚开增值税专用发票罪处三年以下有期徒刑或者拘役，并处二万元以上二十万元以下罚金；虚开的税款数额在五十万元以上的，认定为刑法第二百零五条规定的“数额较大”，处三年以上十年以下有期徒刑，并处五万元以上五十万元以下罚金；虚开的税款数额在二百五十万元以上的，认定为刑法第二百零五条规定的“数额巨大”，处十年以上有期徒刑或者无期徒刑，并处五万元以上五十万元以下罚金或者没收财产。因而，企业千万别碰触法律的底线而虚开增值税发票。

◆ 提前确定企业的收入

按照企业采用的会计准则及收入确认的相关规定，企业的业务可能未达到确认为收入的条件，但企业为了某种目的，提前确认收入，即企业确认收入比其销售行为先完成。

◆ 虚增业务收入

虚构业务就是企业通过虚拟销售对象及交易，对并不存在的业务按正常经营程序进行模拟运转，包括伪造订单合同、账户收入、发运凭证和开具相关的业务发票等一系列操作，从而虚增业务收入。

（2）虚增利润

除了虚增收入之外，虚增利润也是财务造假的重灾区。我们知道，影响利润的因素有很多方面，除了前面提到的保持其他成本费用不变虚增收入，以达到增加利润的目的外，还有其他的办法。

◆ 人为减少主营业务成本

企业为调增自身报表的账面利润，利用发出存货的计价方法变动，故意调整存货成本，进而调高利润。当材料按实际成本计价时，企业为虚减产品成本，选用能减少本期材料耗用的计价方法，人为调低发出材料成本，以达到虚增利润的目的；当材料按计划成本计价时，企业为虚减产品成本，利用材料成本差异账户进行调整，有意多分摊节约差异或少分甚至不分摊超支差异，以达到调低发出材料成本、调高利润的目的。

企业为虚增利润，还会利用在产品成本上升的计价方法调节产品成本，以达到虚减成本、多计利润的目的。

我们在看企业财务报表时，应将检查重点放在原材料、材料成本差异和产成品等账户，采用审阅法审查有关存货的明细账，并采用盘点法和调节法核实在产品数量的正确性，采用复算法验证存货发出计价的正确性；同时也要结合同行业的成本数据，分析企业的成本是否符合行业标准，以及推测其数据的合理性。

◆ 虚减费用

企业三大期间费用是影响企业利润的重要项目，企业为虚增利润，可能设置账外账，利用将当期应计折旧及费用等暂不入账，或不计当期利息支出，不提或少提各项资产减值准备等方法而达到虚增利润的目的。

这需要我们在阅读财务报表时，依据企业的实际情况，对比相关前期数据进行分析，识别数据的真实性。

◆ 利用待处理财产损溢长期挂账，虚增利润

企业经营不好的，会将因经营不善、上当受骗或因固定资产报废清理等原因造成的财产损失长期挂账，不及时予以处理，致使利润虚增。

我们在阅读财务报表时应采用审阅法仔细审查待处理财产损溢明细账及有关原始凭证，查明其形成的原因，并对长期隐瞒不上报上级主管部门批准的挂账损失进行重点检查。

这种损失是当期某种原因造成的，应在当期处理，但若有意不在当期处理，使当期费用减少，就会达到虚增利润之效果。

（3）隐瞒收入

有的企业为了达到少缴纳税款的目的，还会出现隐瞒收入的情况，常见的隐瞒收入方法有以下四种。

◆ 利用企业的应收账款项目来隐瞒收入

企业将其销售收入转入“预收账款”和“其他应收款”等科目挂账，从而隐瞒实际收入。这种手段是收到对方的销货款后，不给对方开具发票或暂时不开发票，不体现收入，从而隐瞒收入，以达到延缓或滞后纳税的目的。另外，有的企业对于购货方不要求开具正式发票的销货款，在往来账中挂账，时间一长，将收入转移出去，形成偷漏税款。针对这类手段，要重点把控企业的应收款项科目的余额，对于应收款项科目的发生额要追溯原始凭据，求证业务发生的真实性。

◆ 伪造应收款项抵收入

企业销售收入的来源是产品的销售，但有的企业在商品已经发出且款项已收到的情况下不按规定的方式计入收入款，也不按企业规定结转成本，反而是捏造事实，编造借入款项的业务入账，即将销售收入以企业负责人或员工名义出具借条的形式借支于其他企业或个人。对于这种隐瞒收入的手段，我们要重点查看企业的借款支出情况，清查企业负责人的重要借支支出。

◆ 利用委托代销的业务隐瞒收入

在业务的开展中，有的企业会采用收取手续费的方式委托代销商品，在委托方交付商品时不应确认收入，而应该在受托方将商品销售出去，并收到受托方的代销清单时，委托方才可确认收入。但在实际业务过程中，委托方故意通知受托方晚开代销清单，从而达到收入减少的目的。

所以，当企业存在委托代销业务时，我们要重点看委托方和受托方的商品销售情况，看受托方是否存在故意晚开代销商品清单的嫌疑。

◆ 用收入冲减企业的费用

一些企业将已出售且款项已收到的货物进行预收款销售，在购买方不需要正式的增值税发票时，企业就将其销售收入冲减营业外支出、管理费用和销售费用等，从而隐瞒企业实际收入。我们在看企业的财务报表时，要结合企业的账务处理来看，重点看这些项目的不正常收付，考察原始单据的合法性、合规性。